內容時代必學

解密爆款影片

從K-POP到好萊塢，深度挖掘讓人移不開眼的「趣味公式」

新世代媒體人
金昇一 著

林倫伃 譯

THE SECRET OF THE MOST-VIEWED VIDEOS

前言

看到物體向下掉落，多數人只會認為這是理所當然的，牛頓卻去質疑「為什麼會這樣」？這本書的出發點也是如此，多數人看到有趣的事物，只是覺得「好有趣」，我則想試著去拆解「為什麼有趣」，而這本書便是對這個問題的解答。

「什麼是趣味？怎麼製造出趣味？又要如何放大它？」

當你闔上這本書的最後一頁，一定會知道這三點。

為了回答這些問題，我鑽研了數年，見過無數創作者，撰文分析哪些內容為什麼有趣，只要出現稍有趣味的事就去探究其有趣的原因……我口袋裡指南針的N極永遠指向著趣味。不過，目前為止沒有任何人試圖分析趣味，之前採訪過的人也都無法給出令我完全滿意的答案。可喜的是，他們給了我許多提示，如同牛頓將萬有引力公式化一樣，我藉這些線索找出了可以說明趣味的三項法則，就連挑剔的評論家也都同意，趣味具有以下三點特徵——

特異、轉意、激變。

任何有趣的事物一定會讓人感到慌張並專注，而它們都內含這三項法則。本書有一半的篇幅在說明什麼是趣味的法則，並找出有趣影片裡的特異、轉意、激變。

剩下的一半篇幅主要在說明放大這三項法則的要素：關聯性、共感、不穩定性，以及像匱乏等，這些可說是比三項法則還關鍵，我稱這些要素為「特異、轉意、激變增強劑」，並為它們下了準確的定義。

其餘版面，則在說明要讓事物有趣，這三項法則必須具備的「黃金比例」，和從創作者身上學到的「一定能打動人心的影片製作方法」，以及趣味影片中必然存在的「內心掙扎」的製造方法。擅長製造趣味的人，長久以來透過經驗將這些手法內化，而這本書就相當於專業人士的商業機密。如果你想製作出真正有趣的影片，或想成為有趣的人，本書將對你有所幫助。

我總是反覆回味作家安奈特・西蒙斯（Annette Simmons）的話：

「把你擁有的最好的東西給世界，那麼最棒的東西就會來到你身邊。」[1]

二〇二一年三月

金昇一（김승일）

1 Give the world the best you have and the best will come to you.

目次

第三部　趣味的完成

2. 尋找趣味的黃金比例

第四部　趣味的放大

1

趣味的祕密

趣味必然讓人慌張與專注

如果你是一位創作者，一定要知道怎麼打造趣味，因為無趣的影片大眾是不會看的，而沒人看的影片又有什麼意義呢？在這個內容大同小異的影片充斥的時代，我們可以說大眾不看的影片就不叫影片，再更極端一點，甚至可以說大眾不看的影片內容是不存在的。

在影片裡，吃東西也要吃得有趣、踢球也要踢得有趣、玩遊戲也要玩得有趣、畫圖也要畫得有趣、寫文章也要寫得有趣；就算是公開日常生活、評論時事，也要有趣地公開、有趣地談論，這麼一來大眾才會觀看。也就是說，趣味是視聽的先決條件，也是影片的存在條件：「有趣」的影片才能被眾人觀看，也才能稱得上是部影片。

不過趣味不單單只意味著好笑而已。比方說，《雞不可失》是韓國首部突破一千萬觀影人次的電影，這樣的喜劇電影我們會說它很有趣，但我們也會覺得催淚的悲情電影有趣；在看完奉俊昊導演的《寄生上流》這類怪誕電影，或者朴贊郁導演執導、有些殘忍的《親切的金子》（*Sympathy for Lady Vengeance*）後，我們也會說電影很有趣。看完前所未見、敘事獨特的紀錄片後，我們也會覺得很有趣。

在正式進入主題之前，請容我斷開「趣味」與「好笑」的連結。雖然有趣的內容當中確實包含會令人發笑的內容，但並非只有好笑的內容才有趣。

閱讀完這本書後，相信你會有這樣的體會：

「趣味會讓人感到慌張，也令人專注。」

任何有趣的東西，百分之百會讓你感到慌張並變得專注；而曾經讓你感到慌張且專注的某個東西，很有可能就是有趣的。

趣味的三大法則

片長兩小時以上的電影，怎麼那麼快就結束了？你追的電視劇即將進入大結局，讓你深感可惜；YouTube 影片太好看，不知不覺就按下了訂閱按鈕……

這些有趣的影片，共同之處在於它們讓觀眾目不轉睛，這是因為影片蘊含趣味的三大法則：「特異、轉意、激變」的緣故。

特異：明顯不同於一般的東西或一般狀態。
轉意：改變想法或意義。
激變：狀況突然發生巨變。

三大法則會讓觀眾慌張，並專注在內容上，那份慌張和專注的強度絕對超越午後懶洋洋地喝進沁涼冰咖啡。只要想像一下剛搬進去的新家裡突然出現一隻大蟑螂就能體會。我大學的時候，有天躺在租來的套房裡正要入睡，突然有某個東西掉到我胸前，一看，發現是隻有食指那麼長的蟑螂。那隻蟑螂從我的胸口窸窸窣窣地爬到脖子這邊，碰到下巴後就不知道躲到哪裡去了。最後我只好去朋友家過夜，但還是會不斷想起那隻蟑螂。

電影《寄生上流》的開頭，為什麼宋康昊所在的餐桌上會有一隻灶馬（蟲）呢？沒有人想到餐桌上會有一隻灶馬，這便凸顯了跟一般狀態的不同（特異），觀眾看到後便會在瞬間感到慌張，並開始專注。

在趣味這一塊，最重要的核心要素就是特異、轉意、激變，慌張和專注之後形成的情緒反而是次要的。我們看悲情電影會哭得一把鼻涕一把眼淚，有些電影則很感動，喜劇片讓你笑掉大牙，驚悚動作片令人毛骨悚然。觀看每部電影時，你的表情會依據觀看的電影而有所不同，因為不同作品會激發出不同的情感，但這些電影同樣都很有趣。

那麼特異、轉意、激變（不知所措、專注）就等於有趣嗎？

並非如此，還有一點是我們必須考慮的。在看到新聞出現火災、交通事故這種令人惋惜的場面，或血腥電影那樣令人憎惡又噁心的內容時，也會感到慌張並專注，但大部分人不會認為這類內容有趣，就像我本人並不認為從天花板上掉下來的蟑螂很有趣一樣。

那麼，在「有趣」裡除了慌張和專注這兩項要素以外，還需要再加上什麼嗎？其實不用增加什麼，而是需要減少什麼——在三大法則當中，務必要刪除會引起反感的要素。有趣的東西會讓我們感到慌張而且專注，但我們並不會從中感受到不快。如果影片的內容會給任何一個人帶來痛苦，那麼這部影片就不能算是有趣的影片。作為一名創作者，我們必須時刻提醒自己，永遠對他人的痛苦感到敏感。韓國著名主持人姜鎬童就曾在節目上說過：「沒有噩耗是有趣的。」

嬰兒最初感受到的趣味——遮臉躲貓貓

「我在這裡！」

大多數人其實在出生不久後，就學習到了趣味的基本原理，也就是能製造出慌張和專注的特異、轉意、激變——那就是「遮臉躲貓貓」。

眾所皆知，遮臉躲貓貓只對一歲左右的嬰兒有效，出生滿一年後，孩子便不再對這個單純的遊戲感到慌張和專注。嬰兒之所以會對此感到慌張，是因為當媽媽用手遮住臉部的瞬間，嬰兒會以為原本在眼前的媽媽，突然消失到其他空間了。由於嬰兒不理解對象會一直存在於同個次元的「物體恆存性」，因此看到媽媽用手把臉遮住然後再張開露臉，嬰兒就以為媽媽是消失到了別的次元後再次出現，而感到慌張並專注。

請觀察看看遊戲中嬰兒的表情，隨著時間會發生什麼變化。當看到突然消失後再次現身的媽媽，嬰兒的嘴巴會稍微張開，呆呆地看著瞪大眼睛的媽媽，這就是「慌張」和「專注」，接著因為媽媽的笑臉，嬰兒也馬上跟著咯咯笑起來。

來唱句韓國女團 Sistar 的歌曲：「因為你從有到無～」對嬰兒來說，媽媽的臉就如歌詞所唱，從有到無，然後再次笑著出現，此時的嬰兒就像看到魔術師大衛．考柏菲在眼前穿越萬里長城一樣，也就是看到了特異、轉意、激變。對嬰兒來說，媽媽的狀態突然有了巨大的變化（激變），而且那個狀態和一般狀態比起來明顯不同（特異），此外這件事改變了「媽媽會在眼前」這個理所當然的想法（轉意），因此，嬰兒才會對一個遮臉躲貓貓的遊戲感到慌張，並且專注。

而嬰兒之所以會咯咯笑，是因為媽媽的笑容引發孩子正向的情感。記得前面說明過趣味的原理嗎？任何有趣的東西首先會讓觀者感到慌張並專注，而且不會讓觀者感到不愉快。對嬰兒來說，媽媽的遮臉躲貓貓遊戲是有趣的。

遮臉躲貓貓遊戲在世界上有各種不同的稱呼，而且全世界的孩子們都會被這個遊戲迷惑，感到慌張、專注在遊戲上，然後咯咯地笑。特異、轉意、激變的效果是全世界通用，不，是全人類通用的。

趣味具有科學依據

「我在這裡！」

當特異、轉意、激變發生時，我們會對引起這三大法則的對象感到慌張、並集中注意力。想像一下你坐在咖啡廳，有個陌生人突然拍了拍你的肩膀，非常熱情地跟你打招呼，你應該會睜大眼睛看著這個完全不認識的陌生人，感到慌張。在這種慌張和專注的背後，其實隱藏著科學的原理。

心理學家解釋，我們可以把意識分成兩個部分：顯意識與潛意識。顯意識事事追根究柢，會動腦筋算計與批判性思考；潛意識[2]則主管感情、衝動及本能。舉例來說，在考試期間，顯意識會思考必須要學習的科目，以及不讀書所發生的後果，但潛意識則會想放棄一

2 每個心理學派各有不同的稱呼，比如馬克・曼森在其著作《Everything Is F*cked》裡將顯意識稱為「思考大腦」，將潛意識稱作「感情大腦」。

切去睡覺，或是去看 YouTube 影片。

顯意識雖然總是用各種理性的思考來守護我們（就像遊戲中的被動技能一樣），但它並不是那麼強大。各位應該有過在考試期間即使有科目還沒讀完，還是因為太累而直接睡著的經驗吧，正是因為顯意識先耗盡的關係。顯意識雖然是有系統且合理的，但需要很多能量來維持，只要過度使用就會感到疲勞，也就容易讓位給既單純又不合理、為小事大驚小怪的潛意識。

對脆弱的顯意識來說，要接受特異、轉意、激變可謂相當費力，所以只要出現這三大法則，我們的意識就容易成為白紙狀態，也就是任何防禦性意識都消失無蹤。更精確地說，這個狀態是因為顯意識遇到特異、轉意、激變後超出了負荷，被動的潛意識便毫無防備地顯露出來。

在面對前所未有的事情時，我們往往只能按照指示去做，各位應該都有過這樣的經驗吧。比方說在新兵訓練中心，有一項訓練是要從十一公尺高的地方往下跳，據說這是人類最容易感到恐懼的高度。這時教官只是說：「向你愛的人說一句話然後跳下去！」就連平常內向寡言的人都會顫抖著雙腳，大喊愛人的名字。明明是同樣一句話，卻和站在地面上聽到的感覺非常不同，這是因為十一公尺這個特殊狀態趕走了防禦性的顯意識，只留下潛意識的緣故。

用拳擊來比喻的話，就是強制放下戒備式；電話詐騙對你說「您一定很慌張吧？」[3]使用的技術原理也是同樣道理。舉個例子，這也是我家人的親身經歷，有些電話詐騙會以正在服兵役的兒子或孫子受傷了這種謊，消除受害人的顯意識後，接著說「要趕快匯錢才能動手術」之類的說法，讓受害人按照他們的指示去做。

如果特異、轉意、激變讓顯意識超出負荷、發生「延遲」，潛意識就會對製造出三大法則的對象感到慌張並集中注意力。三大法則就是這樣打造出趣味的基本，令人慌張與專注。

3 譯註：這句話出自二〇一三年韓國電視台KBS2《搞笑演唱會》的一個環節〈黃海〉，模仿當時電話詐騙犯在行騙標準程序中所講的一句話。

搞笑主持分分鐘都在製造趣味

《兩天一夜》、《驚人的大會—Star King》、《膝蓋道士》、《認識的哥哥》……如果你看過這些韓國綜藝節目，光聽到節目名稱都會想起主持人姜鎬童。只要節目裡有他，姜鎬童總是核心人物，大部分時候焦點總是集中到他身上。

當你想起姜鎬童，會想到他什麼模樣呢？

他充滿魄力地高喊「兩～天！一夜！」；「明星中的明星、王中之王，Star～King！」他用誇張的動作鼓動參與來賓，並吸引觀眾的注意力；「誠心演戲的演員黃晸玟～～～！他來了！」將來賓一下子舉起來放到椅子上、哐哐地敲打桌子、突然接近緊迫盯人；在《認識的哥哥》裡威嚇特別來賓和節目班底。各位大概會想到這些一邊威脅一邊調皮喊叫的場景。

但我們為什麼會記得姜鎬童的這副模樣呢？記憶是一種長期持續的專注，而正是因為姜鎬童的這副模樣是特異，同時也是激變。姜鎬童不管在哪個綜藝節目，話語和行動都明顯不同於一般藝人，緊張感十足，而讓節目原本的節奏突然有了轉折。

現在讓我們回顧姜鎬童以前的摔角比賽，那就和他在綜藝節目出道時一樣。面對姜鎬童在沙地上全身抖動、發出怪叫聲、抓著腰帶擠眉弄眼，李萬基警告：「你這傢伙，少自以為是。」姜鎬童卻沒有因高高在上的前輩李萬基說這一句話而畏縮，反而看著裁判，用慶尚道方言回應：「什麼？我比不下去了，可以這樣罵對手的嗎？」

李萬基是摔角選手，按照從前摔角場上的禮節，他會這麼警告也是理所當然的，但姜鎬童卻將這句忠告改成了「罵對手」，這正是轉意。李萬基曾表示自己當時感到很慌張，還想著「他是吃錯藥嗎？」

姜鎬童之後也在自己主持的節目裡，不停用這種轉換觀點的方式主持。「但是啊」、「不是那樣」……他會不斷製造出其他意思，讓觀者慌張並專注。姜鎬童從摔角選手時期開始就在製造特異、轉意、激變方面展現天賦，而這個天賦在他成為諧星之後也持續運用到現在。

我拜訪過許多熱門創作者，並分析他們的影片內容，現在我可以很有自信地說，特異、轉意、激變就是這些創作者的商業機密。雖然他們並不知道這三大法則該如何解釋，卻透過經驗領悟到，並了解透澈。

縱使我們可以透過學習得到充分的知識，但也有知識必須實際體會才能學成。這就好比學騎腳踏車一樣，為了騎好三大法則這輛腳踏車，光靠知道概念是不夠的，就像光看書也學不會騎車。因此在下一章，我會將三大法則代入有趣到讓人又哭又笑的成功影片，一起找出脈絡，仔細思考影片是從哪個場面開始讓你慌張又專注其中，而那又為什麼是特異、轉意、激變。

2

趣味的開始

路上的櫻花也蘊含趣味法則

雖然突然說這種話很有可能被罵，但我最近很享受去上班，因為很幸運地路上可以盡情欣賞盛開的櫻花。

粉紅櫻花路綿延不斷，不過走在這美麗櫻花路上的人，只要到了一處地方，都會紛紛停下腳步，笑著抬頭向上看。

明明路上滿是櫻花，令人目不轉睛，這是怎麼回事呢？真的好像所有人都約好一樣全都停下腳步觀看，當中也有一些人拍照。仔細想想，我第一次來的時候也在這裡拍了照，記得當時櫻花花瓣還掉進我張大的嘴巴裡。

那裡，

不知為何粉紅色突然中斷，陽光灑落，

在眾多粉紅櫻花樹之間，

一棵白櫻花樹矗立在那，白花綻放，閃著亮光，讓人熱淚盈眶。

粉色花雨停止，白色花雨落下，令人瞬間炫目，
不自覺地露出驚奇的表情。

「哇……」

如果你也在粉紅花海中迎面碰上那株雪白櫻花樹，體驗到那白色櫻花雨的景象，一定也會暫時停下一切，逕自望著那棵櫻花樹。現在那棵櫻花樹已經出現在你心裡了吧。

我之所以會突然提起上班路上的白色櫻花樹，是因為在這個讓你暫時停下腳步、讓你慌張且專注的雪白櫻花裡，含有趣味的基礎——特異、轉意和激變。如同小說家安伯托·艾可在《玫瑰的名字》一書中寫到，有一個包括多種現象的法則，而該法則又會製造出其他各式各樣的現象。製造趣味的法則便是特異、轉意、激變，從現在開始，就讓我們透過蘊含特異、轉意、激變的各種事例，來領會它們的內涵。

●特異

與一般事物、狀態相比，
明顯不同

讓我們來思考一下何謂「一般」。舉例來說，要是學校同學大多都對你很和善，那麼學校同學對你的態度，「一般」可以說是「很隨和」；如果說在村裡中式餐廳點的炸醬麵送到家裡來的時間大致上是三十分鐘左右，那麼可以說村裡中式餐廳的炸醬麵外送時間一般是三十分鐘左右。

如果學過常態分布表，就會知道鐘形曲線的正中間是「一般」，離中間越遠，就是特異。要是在眾多同學中，唯有一位同學對你視而不見、說你壞話，他就會是讓你慌張的人物；假設你家和幾間中式餐廳的距離都差不多，只有一間中式餐廳的炸醬麵在十五分鐘內就送達，和其他家不同，那麼你就會感到慌張並特別注意。這些是因為那位同學和中式餐廳對你來說是個特例。想像一下有幾百人都拿著灰色卡片，當中只有一位拿著紅色卡片，那個人就是特異。

不過這本書要說明的「特異」主要和影片內容有關。比方說在《白雪公主》、《美女與野獸》等常見的童話故事結局，讀者所感受到的情緒「一般」是快樂，而這些童話故事大部分的確也是快樂的結局。另外，賣座的電影主題通常是勸善懲惡，也就是內容裡壞人大多會被消滅，然後教人要向善。

如果有些童書和電視劇像《雖然是精神病但沒關係》劇中的童書作家主角高文英的作品一樣殘忍，看完後只感到悲慘呢？要是看完奉俊昊導演的電影《寄生上流》，發現它和其他賣座電影不一樣，不是在講除惡向善的故事，而是所有登場人物都存在矛盾，既不善良、也不邪惡呢？

在影片內容裡，我們可以思考出無數個「特異點」，因為我們可以從特定觀點，以及拆解內容後出現的許多東西，找到它們具備的「一般性」，諸如類型、主題、思潮、世界觀、故事題材、角色設定、人物地位、故事架構方式、內容發展方式、情節、作品氛圍、光調、畫面風格、場面調度、製作技法、表現手法、起承轉合，以及前段、中段、後段、結尾的鏡頭、場景、段落……等等。

創作者為了製造趣味，必須先找出這個「一般」的點在哪裡，因為不管是在生活還是在影片內容，只要某個東西越脫離「一般」，就越能讓觀眾驚慌失措並集中注意力。

為什麼我們喜歡湊熱鬧？

如果我們把人生當作一部很長的紀錄片，以一天的劇情發展分量來說，看到火災和看人打架的次數平均是幾次呢？也就是說一天內，我們會目睹幾次火場或是打架場面呢？通常一年最多也未必能看到一兩次，那麼一天大概就會是〇．〇〇五四七次（二除以三百六十五）。這時〇．〇〇五四七就是「一般」，而一天內若是觀看火場和看人打架的次數超出這個「一般」太多，就是特異了。

「熊熊燃燒！」

料理大師李連福在快餐車上表演火焰秀，他一把油倒進大大的中式炒鍋裡，就燃起熊熊大火。周遭眾人的目光自然往李連福那邊集中，而這正是他表演火焰秀的目的。

「碰、碰、碰！」

爭吵和辱罵聲突然傳來，接著開始打架了，原來是國會議員們，一位議員的下巴挨了一記直拳。手握遙控器、原本打算轉台的你停住了，新聞的收視率變得比綜藝節目還高。

「隔岸觀火、湊熱鬧最有趣了。」

應該有很多韓國人從小就聽這句話長大。我們在湊熱鬧、看別人打架時，也總會慌張並專注地瞠目結舌。

請想像一下，現在距離你讀書的地方十公尺外發生了大火，或是附近有個男人突然抓著另一個男人的頭髮。雖然在現實中我們極力避免失火或打架，但當這種事發生，原本日復一日的「一般」生活中就會出現明顯的變化。也就是說，在日復一日上學、上班的路上，日升日落的日常生活中，發生了一般情況下不會發生的特異點，這時人們的顯意識就會暫時消失，只留下潛意識，也就失了魂地專注在火場及打架上。縱使這個狀態很短暫。這就是「特異」的效果。

由於現實生活中，火場和打鬥大多會給人留下不好的情緒，因此很難將之歸結為趣味，因此在這裡請先把重點放在暫時使人全神貫注的「特異」效果，也就是趣味會收起顯意識、只留下潛意識的這個部分。明顯不同於一般事物或一般狀態，而產生慌張與專注，就是趣味的根本。

對創作者來說，觀火或湊熱鬧是可以引起觀者慌張及專注最容易又單純的手法。實際上，也有許多製作人致力於在自己的節目裡創造這樣的場面。你想想，在綜藝節目裡，是不是很少看到不是湊熱鬧的內容呢？

比如收視率曾高達百分之三十的《Mr. Trot》，節目的發展核心便是參賽者之間的競爭關係；《無限挑戰》的成員們會愉快地互相貶低對方，或是彼此緊盯時機、趁對方不注意時攻擊對方、打架吵鬧；《黃金漁場 Radio Star》以主持人金九拉為中心虧來賓，在來賓回擊他的挑撥中尋找趣味；在《Running Man》中，打鬥則是以追逐戰的型態發生；《認識的哥哥》裡主持群和來賓之間的心理戰，以欺負新生的在學生，和挑戰他們的轉學生之間的對決形式展開；在《懂也沒用的神祕雜學詞典》中，存在著一股微妙的「知識對決」氣流；《另一半》是尋找另一半的競爭，《燃燒的青春》也不例外。甚至連主打療癒的綜藝節目裡，眾創作者也會製作出微妙的打架場面，像是在《都市漁夫2》裡，李壽根就曾這麼說過：「在這裡如果不釣魚的話，那就會打架。」

不管是哪個國家的綜藝節目，都能看到打架的場面；在一些外國節目中也會出現真正的鬥爭，就是只有在街上才會出現的那種亂鬥，因為這樣的場面可以使觀眾感到不知所措並專注。

光是在YouTube上鍵入「打架」搜尋，就會出現非常大量的影片，而且大多數影片的觀看次數都很高。被稱為「艾菲卡TV[4]的總統」的直播主鐵鉤（철구），他的YouTube影片中最受歡迎的就是夫妻吵架有關的影片。只要搜尋「鐵鉤夫妻吵架」，就會出現好幾十支不同的夫妻吵架影片，而當中觀看次數最多的超過六百萬次。在一些影音平台，可以看到具暴力傾向的直播主在影片中用非常難聽的字眼互相詆毀；他們實際肆意行使暴力，和在網路上爭吵的人約出來打架，甚至揚言要殺人，經常進出警局，還會去挑釁毫不相干的人。為了觀戰而聚集的觀眾甚至還會提供金援，慫恿更刺激的鬥爭。雖然這絕不可取，但直播主越是頻繁地製作鬥爭場面，且製作規模越大，就會得到更多的報酬。

另一方面，運動賽事正是湊熱鬧場面的始祖，例如UFC（美國終極格鬥冠軍賽）這類的格鬥競技、足球、棒球、籃球、冰上曲棍球或美式足球等。細究起來，這些運動賽事也算是在打鬥。要說這些賽事和街頭打架有什麼不同，那就是它們被定下了複雜的規則，而人們願意付更多錢以更近的距離觀看這樣的鬥爭。

4 編按：辣椒艾菲卡TV：知名韓國直播平台。

創作者就像巫師 要燒起來觀眾才買單

《哭聲》和《娑婆訶》的「火」

看到標題，也許各位會問：「哦？可是影片裡『火焰秀』好像沒有那麼常出現啊？」「火焰秀沒有那麼常出現」這句話是對的，也是錯的。在影片中，除非是料理大師李連福在炒春醬，不然「火」很少會以自然狀態登場。當然，永遠為人津津樂道的歌手碧昂絲在二〇一三年超級盃的舞台，是一場真的有出現大型火花的火焰秀；而每年在漢江江邊舉辦的煙火節也是在觀賞自然狀態的「火」。火只要出場，就能迷惑許多人，漢江江邊擠滿的人潮就是最好的證明。

然而在多數影片中，火大多是以稍微不同的面貌登場，而不是直接以自然狀態呈現。我在本章裡會舉電影《哭聲》和《娑婆訶》，以及巫師的跳神儀式作為觀火的例子。

《哭聲》和《娑婆訶》裡面有出現火？看過電影的人可能會對此感到疑惑。兩部電影中，自然狀態的火並不常出現，我在這章要說的火，是個隱喻。兩部電影都使用了跳大神這把「火」，讓看電影就和觀火一樣。你可能會覺得奇怪怎麼突然提到跳大神，但跳神儀式本身就和火相當類似。

巫師一邊揮舞著大刀，一邊光腳走上鍘刀。他因為被附身，毫不猶豫地斬了雞頭，並將刀插進豬的屍體裡。這副模樣令觀眾看得驚愕不已。巫師的跳神儀式，普通人就算再怎麼努力想理解也無法理解，是會讓人產生敬畏感的情景。既無法理解，又會產生敬畏感的東西，就和會將一切燒毀、絢麗燃燒的火相同。如同我們可以在普羅米修斯神話中所見，原始的人類長久以來就對火感到尊敬又畏懼，並將之視為崇拜的對象。因此可以說，跳大神和火，沒什麼特別不同。

現在讓我們更深入《哭聲》和《娑婆訶》的跳神儀式，見見真正的巫師。巫師之所以在跳神儀式中，用無法理解的形式說出令人敬畏的話和做出那樣的舉動，是為了製造看點。這也就相當於火焰燃燒一樣，催眠觀眾，把觀眾的顯意識丟得遠遠的。他們不尋常的言語和舉止，以及在他們營造的「那個世界」的氛圍中，觀眾可以理性判斷的顯意識會變得麻痺，而巫師就是在等待這個時候。

「祖先上身了！」

另外，顯意識被麻痺的觀眾就不會多加批評巫師說的話，只會張著嘴接受這一切。他們如防禦網一般的顯意識已經消失，只剩下潛意識留在那裡。在這個狀態，觀眾會對巫師已經通靈的說法感到吃驚，並且接受。

有些歌手的舞台表演，也會讓觀眾感受到猶如觀看烈火燃燒的體驗。如果你沒看過碧昂絲在二〇一三年超級盃的舞台，建議你一定要在YouTube上看一下，這場表演有助於你理解什麼叫湊熱鬧，以及隔岸觀火這個最原始的特異。在這場表演中，實際上不僅出現了非常可觀的自然狀態的火，還不斷呈現出像是不存在於這個世界的燈光、舞蹈、服裝等，扮演著猶如火的特點，讓觀眾頓時失了魂。而碧昂絲在這個舞台上就像女神一般，令人感到敬畏。

歌手權志龍和男子團體防彈少年團的舞台也同樣如此，雖然真正的火並沒有出現很多次，卻能引起和觀看碧昂絲舞台時同樣的興致。巧的是，權志龍製作過名為〈點燃一把火〉（*Light it up*）的歌，而防彈少年團也有一首歌名為〈燃燒起來〉（*Burning up*）。此外，其他偶像也如「偶像」這個名字一般在舞台上熱烈燃燒，彷彿他們是大家必須崇拜的對象。他們創造出越多像火一樣的特點，觀眾的顯意識就會飛離得越遠，這時要是聽到「我最棒」這一類的歌詞（2NE1〈*I Am the Best*〉），觀眾就會相信那位歌手真的是最棒的。

閒聊長了點，簡而言之，創作者也是一樣的，只要製造出可以讓人像在觀火的內容，就能誘發不知所措與專注，如同巫師跳神儀式帶來的感受一樣。也就是說，只要能創造出常人無法理解但令人心生敬畏的內容，就能達到這樣的效果。

我們再回到巫師的話題。有進去過算命館的人就會知道，算命館的氛圍感覺完全不屬於這個世界。詭異的圖畫、可怕的人偶、不知寫了什麼的紅字、奇怪的味道等全都成為特點，開始剝掉觀眾的顯意識。「都快死的傢伙怎麼來了？」巫師這句嚴厲的話加大了慌張和專注的效果，來算命的人顯意識遠遠消失在後方，所以去了算命館，就算巫師說醬曲[5]是紅豆做的你也會相信。

這種控制思想的方式可回溯到史前時代，最具代表性的例子就是建立古朝鮮的檀君王儉[6]生活的時期。由於檀君王儉是古朝鮮的王兼祭司這一說法很有力，部分學者主張，檀君王儉的「檀君」蘊含著巫師的意思。實際上和「檀君」（tangun）發音相似的單字「tanggol」（당골），過去在全羅道地區指的就是巫師。

該時期的巫師（祭司）使用青銅鏡和青銅劍等青銅器，對大眾來說與火無異，也就是說這些青銅器讓人們產生無法理解的敬畏感。雖然製造青銅器既困難，實際用途也不如石器廣泛，但青銅器會散發神祕的綠光，尤其在當時沒有像青銅鏡那樣能反射光的物品[7]。巫師一邊用掛在脖子上的青銅鏡反射太陽光，一邊揮舞帶著綠光的刀劍，這副特殊的模樣，當時肯定前所未見。巫師在人們陷入顯意識被麻痺的狀態時，說出：「我是從天上下來的。」這時人們可能就會因為這句話，暫時將巫師視為「用光連結天地的人物」。

5 譯註：韓國醬油、大醬、辣椒醬的原材料之一，由黃豆製成，通常會將蒸好的黃豆搗碎後捏成方型，風乾發酵而成。
6 編按：朝鮮半島傳說中的始祖與山神。
7 當時青銅鏡的用途不像現在的鏡子一樣用來映照事物，只是用來反射光而已。

奉俊昊和怪奇比莉的特異之處

地表上最受矚目的藝術家是誰呢？以二〇二〇年來說，怪奇比莉（Billie Eilish）應該實至名歸。這位歌手在二〇二〇年美國音樂界最高殿堂的葛萊美大獎中囊括主要四個獎項[8]，創下三十九年來的紀錄。眾多出色的歌手們翻唱二〇〇一年出生的比莉的歌曲，視她為憧憬的對象。

我建議大家看她〈戴上王冠〉（*You should see me in a crown*）的音樂錄影帶。影片中，蜘蛛爬滿她全身，她甚至優雅地將蜘蛛從嘴裡拿出來又放進去。怪奇比莉了解什麼是隔岸觀火，也懂得創作出特異的火。不過，現在我們要突破觀火這個最初始的特異點，進入到更成熟的特異手法上。

「我有時候會忘記，那就是要製作出不被歸類為任何類型的音樂一直不是件容易的事。我現在所做的任何嘗試都是為了讓我的音樂不被歸類為特定類型。我做的音樂既不是流行音樂，也不是另類音樂，我也不知道我做的是什麼，我把我的音樂稱作『另類陷阱』（Alternative trap）。」（出自怪奇比莉 MTV 專訪內容）

如同怪奇比莉所說，她的音樂無法用現代的類型去歸類，因此很「特異」。某個音樂屬於特定類型，這代表該音樂和屬於那個類型的眾多音樂氛圍相似。「那種類型的音樂一般是這樣」，這是指該音樂和「一般」相去不遠，因此如果某個音樂無法被歸類到任何類型裡，就意味著該音樂脫離了「一般」。

「奉俊昊本身就是類型。」

時隔六十四年，奉俊昊同時獲得坎城金棕櫚獎和美國奧斯卡金像獎最佳影片。

我的學弟記者宋錫主（송석주）同時也是電影評論家。他曾說：「奉導演的電影無法用單一個類型去定義，他的電影裡有著包含多元類型的特性。」

就像記者說的，我們無法用喜劇、驚悚、奇幻或動作等任何一種類型為他的電影進行分類。即便電影一開始似乎朝某種類型的走向發展下去，中間總會以難以預料的方式打破類型的陳腔濫調，營造出無法用任何類型去定義的獨特氛圍。

《寄生上流》、《玉子》（*Okja*）、《末日列車》（*Snowpiercer*）、《非常母親》（*Mother*）、《駭

8 年度歌曲、年度專輯、年度錄音和年度新人。

人怪物》（*The Host*）、《殺人回憶》（*Memories of Murder*）……

讓我們來列出幾個奉俊昊導演電影的主要特點。帶動劇情的人物大多數都不屬於主流社會，這些人物像是站在峭壁邊緣一樣，只要輕輕一推就會墜入深淵。電影雖然像是黑暗驚悚電影，但自始至終卻沒有放棄幽默；但也不能稱之為喜劇片、動作片，或黑色喜劇。奉俊昊導演的電影在可以被歸類為某種類型的臨界點前，就脫離了該類型的軌道。而作品的結局通常既不是完美的快樂結局，也不悲傷，總之會讓人覺得不太對勁、讓人想起什麼東西。就像這樣，奉俊昊導演的電影摻混著許多獨特之處，讓他的電影不屬於任何類型。所以要是有人問：「這部電影是什麼類型啊？」也就只能回答：「既不是驚悚，也不是喜劇……就是奉俊昊。」

有趣的東西，有時難以被這個世界上的語言所定義，就好比奉俊昊的電影和怪奇比莉的歌曲很難被歸類一樣，而理所當然的，觀眾會對那種特異感到慌張和專注。

我建議大家找找怪奇比莉的現場表演[9]來看，並觀察觀眾跟著怪奇比莉的歌曲高唱、出神地看著她跳獨特舞步的景象。那個場面，便是觀眾沉浸在怪奇比莉製造的火場，以及著迷於怪奇比莉那無法用任何類型去分類的歌曲當中。

9 〈壞傢伙〉（bad guy）的現場演出。

打破類型就能成功《無限挑戰》與克里斯多福・諾蘭

每位學者、甚至每個人對「類型」一詞的定義都不同，但了解類型之後，便會發現沒有什麼比類型更容易理解的了。極簡、摩登、經典、復古、北歐……如果把影片內容比喻為一棟房子，類型就是裝潢風格，它形成了房子整體的氣氛；而創作者製作影片，便是使用「故事」這項素材，建立「情節」這個骨架，再用「類型」去裝潢。

就讓我們來觀察類型電影是怎麼裝潢的。在動作片中，劇中人物大部分的行為模式是武打、動作，那麼整體音效上就會多是碰撞、破碎的聲音，音樂則充滿了緊張感；驚悚電影的調性是低光調[10]，出場人物的主要行為模式則是不斷地恐懼懷疑。根據知名影評大衛・帕金森（David Parkinson）的說法，黑色電影的「裝潢」包含戲劇性的明暗對比、摸不

10 指為了呈現出明顯的明暗對比，增加黑影或暗部的畫面。

著頭緒的場面調度、傾斜的視角、使用回顧性旁白、敏感的資產階級、語帶譏諷的偵探、冷酷的騙子、貪官汙吏、奉行機會主義的流浪漢、亡命鴛鴦、蛇蠍美人，以及性、階級、身分、不平等、背叛、偏見、暴力等[11]。

《認識電影類型》的作者鄭英銓（정영권）解釋，戰爭片的符號充滿軍服、鋼盔、手槍和機關槍、坦克車、戰鬥機、軍艦和航空母艦等。「戰爭電影以小規模部隊為主要舞台，講述一群未成熟的少年在代表父親形象的將校或副士官的指揮之下，於無止境的戰鬥中成為真正男人的故事。最典型的敘事，便是部隊內部的衝突會在與敵人作戰的國家大義中，得到化解。」

現在，你大概可以想得到恐怖電影、奇科幻電影、浪漫電影等類型片的裝潢方式了。

綜藝節目《無限挑戰》的製作人金泰浩便相當擅長塑造和打破類型。《無限挑戰》本身就打破了「挑戰」這個類型[12]。六位諧星不停地進行挑戰，形成了該節目的核心氛圍。如同節目的英文名稱「Infinite challenge」（無限的挑戰）一樣，《無限挑戰》用許多「特別企畫」進行各式各樣的挑戰，像是歷史X嘻哈特別企畫、LA特別企畫、伸展台特別企畫、網漫接力特別企畫等。不過《無限挑戰》除了像這樣「挑戰某件事的行為」之外，並不跟隨一般挑戰類型的裝潢風格。

打個比方，金泰浩就是打開寫著「挑戰」的房門，進去後把房裡的家具擺設全部弄亂，改成讓人感覺很滑稽的樣子。例如在一般挑戰類型中，出場人物的成功機率至少也有百分之一；即便那個挑戰幾乎是不可能的任務，也還是有百分之一的成功機率。也就是說這類型的節目會讓觀眾隱約期待挑戰可能成功，這就是挑戰類型節目「通常」散發的氛圍。

不過《無限挑戰》的挑戰，就如同從二〇〇五年節目草創時期的題目〈無謀的挑戰〉一樣，挑戰成功的機率低於零，甚至是負數。這是因為在《無限挑戰》中，挑戰就和「要比澡堂的排水孔還要快把水撈光」一樣，近乎不可能。再加上節目人物的角色概念設定，維持在「韓國平均水準以下」的關係[13]。他們不管挑戰什麼，都不會有人期待成功，明明類型是「挑戰」，但稀奇的是觀眾反而期待看到他們會怎麼失敗。

《無限挑戰》節目剛開始時，成員和工作人員還擔心哪天節目會被喊卡，因此曾舉辦週

11 出自《改變電影的一百個觀念》（*100 Ideas that Changed Film*）。

12 雖然多數人都知道《無限挑戰》的類型是「實境綜藝節目」，但實境生存一詞，實際上並不代表類型，而是一種宣言，宣告「一個節目裡可以包含多種綜藝類型（綜藝），但腳本或導演必須盡可能限縮範圍（實境）」。在《無限挑戰》這個實境綜藝節目中包含生存戰、追逐戰、脫口秀等多樣類型，不過貫穿這些類型的核心精神是挑戰，也就是說，「挑戰」才是《無限挑戰》最重要的類型。

13 譯註：《無限挑戰》一開始將節目定位為由七個無論外貌形象、知識水平、體力等各方面都在韓國平均水準以下的男人所進行的挑戰。

年慶，為節目在一年內沒有被廢除感到神奇。這也難怪，畢竟至今從未出現過《無限挑戰》這樣的節目形式。在《無限挑戰》開播之前，所謂的「挑戰類型」，清一色由能力在「平均水準以上」的成員進行，挑戰是有可能成功的。我們可以輕易舉出另一綜藝節目《出發夢之隊》為例。這個節目裡，演出團隊（夢之隊）必須挑戰用比其他人還要快的速度跳躍障礙物、抵達目的地。而在這個過程當中，通常是由「平均水準以上」的某人在比賽中獲勝、達成目標，然後挑戰更高的境界。即使在挑戰中失敗了，他們的失敗也會是「可惜的失敗」，而非單純的失敗；也就是說他們離成功很近，也在結尾時獲得喝彩。

猜謎節目《明星金鐘》又是如何呢？能力在「平均水準以上」的學生們在節目中決出勝負；他們為了解開五十道問題進行挑戰、彼此競爭，最後實現目標。這類大同小異的節目，形成了「挑戰」這個類型普遍的裝潢，而《無限挑戰》則與這類裝潢大相逕庭。

當然《無限挑戰》的成員有時也會成功，成功的時候，藝人鄭亨敦就會放聲痛哭，高喊：「幹得好！我們辦到了！」但對比前面無數次的失敗，這樣的成功算是罕見的「特殊事件」。

另一方面，《無限挑戰》既然是包含多元類型的實境綜藝節目，就不只有打破「挑戰」這個類型，比方說《無限挑戰》的忠實觀眾應該都記得〈介紹長得醜的朋友〉這個特輯。

在這個特輯裡，演出嘉賓長得越醜，排名就越前面，這便是打破選美類型的內容中，「挑選更完美的人」這一老套的做法。

那麼「無限挑戰歌謠祭」又是如何呢？通常歌謠祭是實力派專業歌手的舞台，但在《無限挑戰》歌謠祭中，只要上台就能轟動全場的頂尖歌手，卻會搭配一上台就使人發笑的節目成員一起演出。這樣的組合一起登上舞台，明明看起來很帥氣，卻又唱出滑稽歌曲，一瞬間使觀眾哭笑不得。

再看看《無限挑戰》第一次在綜藝節目裡嘗試的追逐戰[14]。電影或電視劇中的追逐戰，通常是有能力的刑警和聰明的犯人之間你追我跑，緊張感十足，然而《無限挑戰》的追逐戰卻因為過程實在太鬆散，讓觀眾忍不住大笑。而通常脫口秀的安排是為了尊重特別來賓，充滿了真摯的談話，在這裡卻成了戲弄來賓的橋段。

製作人金泰浩就是用這種方式，不僅改變了「挑戰」這一類型，也動搖了各式各樣類型的根本，跳脫出「這個類型通常是怎樣」的「通常」。

14 韓國綜藝節目裡「追逐戰」一詞首次在《無限挑戰》出現。雖然現在綜藝節目裡很常見到有如《無限挑戰》的追逐戰（縱使它也不再那麼特別），但在過去，追逐戰是在電影或電視劇裡出現，本是充滿緊張感的場面。

另外一頭，克里斯多福．諾蘭導演同樣也擅長跳脫類型公式，使觀眾感到不知所措和專注。對於電影《敦克爾克大行動》，諾蘭導演曾說：「這部電影著重在盡量減少描寫戰爭的殘酷，讓觀眾不會因恐懼感轉移視線，而是繼續集中在螢幕上，感受緊張和不安。」

戰爭電影「通常」殘忍又殘酷，這是一般戰爭電影的裝潢，但在《敦克爾克大行動》裡，很少出現殘酷的場面。我們只看到出場人物因恐懼而顫抖的模樣，以及看到東西著火的場景，還有時不時聽到從不遠處傳來的炮彈爆破聲和戰鬥機飛過的聲音。也就是說，諾蘭遠遠跳脫「戰爭電影類型通常怎樣」的「通常」，製造出令觀眾專注與不知所措的感覺。諾蘭也與金泰浩一樣精通類型，並掌握了跳脫類型的「特異」效果。

《無限挑戰》結束的「真正」理由

《無限挑戰》會結束並非沒有道理。雖然製作人金泰浩表示，會結束節目是因為「市場變化」（因平台多元使收視率下跌），但從節目內容面來看，《無限挑戰》之所以落幕，要歸因於節目喪失了其特殊性。

《無限挑戰》先前之所以能成功打破類型，最重要的理由在於由「平均水準以下」的成員組成的團隊奏效了。不管給成員安排什麼路線，他們都和那個路線的特性相去甚遠，這自然是因為他們標榜自己在「平均水準以下」；不論給他們什麼類型，成員表現出的語言和行動，都和一般人「通常」期待的方向截然不同，管它是不是在演戲。

事實上，對於這些出現在韓國公共電視台週末黃金時段綜藝節目裡的諧星，我們實在無法稱呼他們是在平均水準以下，然而成員間極盡貶低彼此的缺點等，極力宣示他們不及平均值，就連製作團隊的編導、剪輯和字幕，都把成員打造成有如平均水準以下。

因此，《無限挑戰》會衰退在所難免。《無限挑戰》足足努力了十三年，讓成員持續看起來是在平均水準以下，但隨著各成員透過每集節目贏得更多人氣、獲得更多財富後，任誰看來，都會覺得每個成員都已經在「平均水準之上」了。講得庸俗一點，現在能貶低的也只剩他們的外貌而已。成員紛紛成了坐擁幾棟房的有錢人，說的每句話、做的每件事也都能登上入口網站的即時熱搜，對社會擁有極大影響力。有房、已婚，過著令人稱羨的生活；網上討論的都是他們在哪裡買了什麼房子、賺了多少億韓元、每集酬勞拿多少、手上有幾檔節目等。成員各自的事業也獲得成功；就連曾經膽小又薄弱的劉在錫，也搖身一變成了有點肌肉又帥氣的「Running Man」。總而言之，現在的他們，任誰都會覺得是在平均水準之上，而這是《無限挑戰》的製作團隊用編導劇本、或用成員的演技都掩蓋不了的事實。

平均水準之上的人所做的挑戰，再也製造不出類型特點，《無限挑戰》也因此從無謀的挑戰回到了單純的「挑戰」，也就是說曾經出格的類型已經回復正常了。最明顯的例子就是《無限挑戰》曾引以為傲的情境短劇，已經無法帶給觀眾以往的趣味了，因為成員之間再也沒什麼好互相貶低的，只剩下值得自誇和被稱讚的事情。

於是〈介紹長得醜的朋友〉特輯出現了。我們可以說當成員再也不能假裝自己是平均水準以下，製作單位便利用他們的外貌，打造出本特輯，畢竟外貌方面絕對很難達到平均水準以上。不過，貶低外貌一直以來都是喜劇的主要素材，從這點來看，這個特輯並不能算特別出色。最終，在二〇一六年第二次〈介紹長得醜的朋友〉特輯結束後，節目在兩年內都沒有出現令人眼睛一亮的特輯，就這樣背負著「無趣」的評價直到落幕。由此我們也能證實，成員再也無法演出平均水準以下的形象，和《無限挑戰》再難跳脫類型這點，是一脈相通的。

各成員自己應該也認知到了這個事實，可能還產生了壓力，因為再也無法像以前一樣，展現平均水準以下的一面來搞笑了。盧弘喆不再出身街頭，而是住在能夠眺望漢江美景的高級公寓裡；他還能繼續用節目初期那套「街頭式搞笑」贏得掌聲嗎？而常被罵白目、沒有存在感的鄭亨敦，在做了豬排飯事業獲得成功後，還能繼續演一個白目的角色嗎？我想，這種再也無法像以前那樣搞笑所帶來的壓力，以及欺騙觀眾、假裝自己在平均以下的羞愧感等，應該正壓迫著成員們吧。

稍微題外話一下，《無限挑戰》在二〇一五年的〈Sixth Man〉特輯中，最後排除了其他候選成員，選擇光熙為新成員的理由是什麼呢？當年這個特輯播出的時候，我曾跟朋友打賭「《無限挑戰》的製作人會選誰」，最後贏得了免費的一餐。雖然我也喜歡光熙爽朗的個性，但我之所以認為會是光熙，真正的理由是因為在所有候選成員當中，光熙最符合「平均水準以下」這個節目的風格。身體太過孱弱，以至於像紙片人一樣站不穩的光熙，和節目初期標榜平均水準以下的成員類型最為相似，因此要打造「無謀挑戰」，光熙看起來是最適合的人選。當時的候選成員有姜均成、崔始源、洪真慶、柳炳宰、徐章君、全炫茂和張東民，他們都和當時《無限挑戰》的眾成員一樣在平均水準之上，因此不適合「無謀挑戰」。當然，光熙也是偶像出身，嚴格來講也不能說是在平均水準以下。二〇一九年開播的MBC 綜藝節目《玩什麼好呢？》，光熙也再次受到導演金泰浩的青睞，與劉在錫同台合作。

肉麻台詞的成功法——金銀淑的高段位設定

「Love是什麼？」
「問這個做什麼？」
「因為我想試試看，我聽說那是比當官更好的事。」

這是二〇一八年tvN一部非常受歡迎的電視劇《陽光先生》裡的台詞，編劇是金銀淑。因為這些肉麻到令人手指蜷曲的台詞，使得原本沒有任何交集的男女主角瞬間越過界線，咻一下進入愛情的網羅中[15]。

一部電視劇裡會有幾場吻戲呢？除了一些特例，通常一部電視劇的吻戲全部加起來最

15 從登場人物的狀態和情況，在發展中出現巨大變化這點來看，也可以用「激變」的概念來解釋。

多也就兩三次左右。那麼在電視劇一集的發展分量中，平均又會發生幾次吻戲呢？通常接近於零。

讓我們想像一下吻得火熱的吻戲。兩位有魅力的主角，兩人的雙唇交疊在一起，他們之間的肉麻程度越是讓觀眾手指蜷曲、心跳加速，收視率也就上升得越高。只要電視劇有出現吻戲，就會冒出很多新聞，標題寫著「吻戲創下最高收視率」。

說得極端一點，韓國觀眾之所以無法戒掉電視劇，或許就是為了看吻戲這個劇中最大亮點。會這麼說，是因為韓國電視劇的情節大多就像《羅密歐與茱麗葉》一樣，是無法實現的愛情。而在大多數韓劇中，最重要的任務就是愛情，吻戲則擔任句點的角色，讓先前妨礙主角相愛的所有衝突要素，在一瞬間瓦解，完成劇情的最終目標。

各位可能會覺得奇怪，我怎麼從金銀淑編劇的《陽光先生》突然講到吻戲呢？這是有理由的。金銀淑的作品之所以受到歡迎，就是因為她寫的肉麻台詞，就像吻戲一樣，一聽到就會令人臉紅心跳、手指蜷曲。金銀淑在這領域獨占鰲頭，比任何編劇都還常使用這類台詞。

「我剛才做了一個非常重要的決定，我要給妳一個職位，讓妳不得不了解我。鄭太乙警衛，我要娶妳做我的皇后。妳剛才成為了那個理由，讓我留在這世界的理由。」

——電視劇《The King：永遠的君主》

「和妳在一起的時光都很耀眼，因為天氣好，因為天氣不好，因為天氣剛剛好……每一天都很美好。」

——電視劇《孤單又燦爛的神—鬼怪》

「上午和下午真的判若兩人耶。」

「我上午和下午，怎麼不一樣了？」

「上午很漂亮，下午更漂亮。」

——電視劇《太陽的後裔》

「孩子啊，走吧。」

「我心裡面有你。」

——電視劇《巴黎的戀人》

「吉羅琳小姐是從幾歲開始變得那麼漂亮的？」

——電視劇《祕密花園》

當聽到有人說出一般人不會說的肉麻話時，我們會感到發麻，手指和腳趾蜷縮。各位可以回想看看電視劇《孤單又燦爛的神—鬼怪》的台詞，比方說我們從好友口中聽到：「和你在一起的時光都很耀眼，因為天氣好，因為天氣不好，因為天氣剛剛好……每一天都很美好。」也許不是很願意想像吧。來，讓這句話迴盪在腦海～

聽到的瞬間，你應該會暫時愣住，接著起雞皮疙瘩，說：「好噁心！」你之所以會愣住，是因為顯意識暫時消失的關係。沒錯，和吻戲一樣，肉麻的台詞也是「特異」，它在影片裡扮演的角色相當類似吻戲。就像兩位主角突然接吻一樣，肉麻的話會讓聽到的人瞳孔晃動，並且使關係迅速升溫。

不過在電視劇一集的台詞分量中，平均會出現幾次肉麻台詞呢？在其他電視劇裡，肉麻台詞就跟吻戲一樣，通常接近於零，但金銀淑編劇的作品並非如此。在看金銀淑的電視劇，觀眾會因為肉麻台詞特別多，而有看了好幾次吻戲的感覺。這就是金銀淑的劇和其他電視劇的不同之處，也就是特異點。她的劇特異點（肉麻的台詞）很多，可以說是她的特色。因為那些肉麻的「間接吻戲」頻繁出現，使觀眾比看其他劇更專心，收視率也才會比其他電視劇高。

這裡提出一個問題：既然肉麻的內容那麼受歡迎，為什麼其他編劇不善用這種肉麻內容呢？與其說他們不善用，不如說是因為他們無法輕易使用。因為要是肉麻內容沒有處理好，就可能搞砸一部電視劇。

排除動畫片，一部影片只要和現實世界越像，就能讓越多觀眾投入。這是因為相似之處會讓觀眾跟影片之間產生連結，也就是使人感到逼真。而肉麻的台詞只要稍有不慎，就可能喪失真實感；當電視劇人物說出現實中沒人會講的話的時候，那部劇和觀眾間的連結就會變得鬆散。

然而金銀淑十分了解該如何將肉麻內容盡可能地做得自然，可以說她就是營造肉麻情境的專家。她清楚知道在特殊情境下，肉麻的話語並不會讓人感到不現實，而她也相當了解那個特殊情境該如何特殊、程度到哪。金銀淑為了讓肉麻的內容看起來盡可能自然，使用了三個法則。

第一，讓我們看看金銀淑劇中講出肉麻台詞的角色，他們全都處在一般人不可冒犯的地位，或是能力超群、有錢、外貌出眾，看起來就好像半神一樣的人；《鬼怪》的主角金信（孔劉飾演）和陰間使者（李棟旭飾演）實際上也不是人類。

在《陽光先生》中，李炳憲是日治時期朝鮮半島的美利堅合眾國代理領事，連日本人都不敢輕易招惹；他出身奴僕，僅憑一己之力就登上大位。《巴黎的戀人》的朴信陽以及《祕密花園》的玄彬在智力、外貌等各方面都是完美的財閥。在《The King：永遠的君主》中，李敏鎬是身高一八七、又帥又有錢的大韓帝國皇帝，且智力甚至體能都相當出眾，騎著白馬超越時空。《太陽的後裔》的宋仲基也是無可挑剔，是「困難的事都能做到」、神話般的英雄。

此外，他們除了驚人的能力、財力及外貌以外，還有一個共通點，那就是都像傻瓜一樣，會為了一個女人準備好放棄一切，是極度純真的浪漫主義者。而他們也都不可能存在於觀眾身處的世界，只可能存在於另一個時空，那是我們不知道的世界。感覺就好像那個世界裡會使用那種肉麻的話，因此就算他們講出肉麻話，觀眾也還可以忍耐。

第二個法則是「情節多為無法實現的濃郁愛戀」。金銀淑的劇總是以抹茶拿鐵般濃郁的愛情為核心，說話肉麻的主角們經常陷入狂戀，而且擋在他們面前的障礙物越大，他們對愛情就越瘋狂。

如果你曾經愛得熾烈、愛到痛徹心扉，應該很清楚這種愛情會讓人變得魯莽，讓人無所畏懼、胡言亂語。金銀淑透過異常濃烈的愛情，創造了一個特殊狀況，即使登場人物說出肉麻到不行的言語，觀眾還是可以忍受，並認為這是因為他們相愛。

最後一個法則是「世界觀設定與生死密切相關」。這項法則並非在所有金銀淑的作品都能看到。如同有句話說：「人要死的時候，就會做出從沒做過的事。」沒說過的話在這時也會說出來。比如在《鬼怪》中出現欲尋死的鬼怪以及離不開死亡的陰間使者；《太陽的後裔》的故事背景在緊張的戰區，而《陽光先生》的世界觀則設定在死亡很常見的日治時期。這是一個什麼時候會死都不知道、不穩定的世界觀，因此即便感覺「肉麻」，也可以辯解：「說不定就快要死了，還有什麼話說不出來呢？這個世界觀就是這樣。」

解密如何設定「名劇」角色
擺盪於善惡之間（feat. 艾美獎獲獎作品）

特別的人物設定，將電視劇《紙牌屋》、《絕命毒師》和《夢魘殺魔》打造成名劇，並獲得美國電視界最高榮譽艾美獎。從結論來說，這三部電視劇的主角都是善惡難辨的角色，而那樣的角色很難在「一般」影片裡看到。

《紙牌屋》中，政治人物法蘭克・安德伍和他的妻子克萊兒・安德伍是反社會人格的政治人物。他們為了達到目的不擇手段，甚至殺了人也不覺得愧疚，因此就連在權謀橫行的無情政界也沒人是他們的對手。

但在該劇裡，兩人並非總是被描述成壞人，因為壞人猖獗的地方不在別處，就在政界。諷刺的是，在權謀橫行、踩低上位的政治圈，勝利本身就是美德，因為在政治圈，勝利意味著獲得民心，而不是自私。如果把安德伍夫婦看作是為取得權力不擇手段的社會病態者，他們是「惡」，但從他們的勝利是來自民心這點，他們也可能是「善」。

更簡單地說，他們是為了得到民心才不擇手段的。實際上在該劇裡，兩人在利用權術打敗對手的同時，獲得了多數民心，還為國家發展做出貢獻，因此觀眾會在批判兩人冷血後，卻又幫在政治上乘勝追擊的主角夫婦加油。這就和我們在罵政治人物的同時，一邊又會在每次選舉投票相似，因為政治圈裡善惡的界線是很模糊的。

善與惡的模糊劃分同樣也出現在《絕命毒師》的主角身上。貧窮的化學教師華特受負債所苦，更被宣告罹癌，雪上加霜。他想到自己一直以來不但沒能為家人做些什麼，還會給家人留下一筆龐大的醫藥費，便決定加入製作及販賣毒品，好在死後留下一些錢給家人。不過，越是跟黑幫糾纏就發生越多問題，他還誤打誤撞成了毒梟，最後甚至犯下殺人的罪行。隨著劇情進展，這位原本比誰都有倫理道德的化學教師，成了精明、冷靜的惡徒，因為只要不被警察或黑幫抓到，販毒就成了替家人著想的行為。華特陷入矛盾，他對自己的行為深感內疚，同時又對生平第一次無拘無束的生活感到愉快並享受其中。對於這樣的主角，觀眾很難輕易決定是該支持他，還是譴責他。

善與惡參雜在一起的角色設定，同樣也在《夢魘殺魔》發生。主角戴克斯特是一位謹守原則、但有精神變態的法醫，他專殺連環殺人魔，也就是所謂「善良地殺人（？）」。雖然殺人本身是惡，但這個惡在劇中被用來作為懲處殺人魔的良善工具。從這點來看，很難評斷戴克斯特是善人還是惡人。

像這樣善惡界線模糊的角色設定很「特異」，畢竟打造一個角色偏向完美的善或完全的惡很容易，但要把角色塑造成介於善惡之間的模糊地帶，終究不是件易事。被稱作神劇的電視劇裡，主角會有非常多的層次；說得誇張一點，就是因為這樣，該劇才能得到神劇的稱號。相反的，大多數電視劇中的主角在善與惡兩條叉路上，多會明確選擇「善」。我們也會發現，當劇中偶爾出現善惡界線模糊的角色時，即便是配角也會大受歡迎。

此外，善惡界線模糊的角色設定本身就很特別，還能反映現實。電視劇的內容要跟現實相似，才能讓觀眾產生共鳴，因此越逼真就越能受到矚目。而在現實生活中，我們本身也不會偏向善或惡任何一方。

我還想推薦一部將善惡分界表現得淋漓盡致的電視劇，那就是美劇《金融戰爭》。這部電視劇的所有登場人物，都如同熟練的雜技藝人走鋼索一般，穿梭於善惡之間，讓觀眾不禁歪著頭想「這個人是好人嗎」，接著又陷入自我懷疑。即便該劇入門門檻較高，須具備一定的金融知識才能在觀看時較不費力，該劇仍因角色的魅力受到好評[16]。

另外我也很推薦美劇《無照律師》，該劇在這十年來一共推出了九季，非常受歡迎，韓國也曾經翻拍過。《無照律師》的主角麥克．羅斯謊稱自己畢業於哈佛法學院，在沒有律師執照的情況下被紐約最大的律師事務所「皮爾森哈德曼」錄取。羅斯為了隱瞞自己是假律師的事實不斷說謊、用不道德的行為欺騙他人，但作為律師，他又是位正義之士。善惡界線模糊的不止羅斯一個人，律師事務所從事的法律活動徹底遵循資本邏輯，律師們相當冷酷無情，但同時他們偶爾也會受麥克·羅斯的正義感感召，做出堅守良心的善舉。隨著每一季過去，幾位曾經公正剛直的律師為了掩蓋羅斯的謊言，也放棄了正義。就這樣，在《無照律師》中，幾乎所有圍繞在羅斯周遭的登場人物，他們善與惡的界線都變得模糊。

最後是金喜愛和劉亞仁主演的電視劇《密會》，該劇果然也用相當傑出的手法處理那條界線。金喜愛和劉亞仁雖象徵著污穢世界中的純真，但他們的愛情明顯是不倫戀，因此受到指責。相反的，看似反派的配角們，其立場則引起了觀眾的共鳴。

16 《金融戰爭》受歡迎的程度，可能無法超越其他被提及的電視劇，因為在前面四季互為宿敵的兩位主角，竟然在第五季裡成了朋友，把前面四季全都搞砸了。要是小丑成為蝙蝠俠的朋友會怎樣呢？蝙蝠俠應該就不會像現在一樣受歡迎。在影片裡，宿敵本身就會造成不穩定性，而在任何一個場面中，不穩定性都是使觀眾感到不知所措、提高注意力的趣味增強劑。幸好在第六季中他們回到了敵對關係，但被第五季搞砸的趣味已經很難恢復了。

好看的內容要有「鮮味」

我們嘗到的味道中有酸、甜、苦、鹹、還有鮮味。其中，鮮味是很特別的味道，無法用四個基本的味道說明，在美味的食物裡一定有鮮味。酸、甜、鹹、苦分別可以從檸檬、糖、鹽、葡萄柚或咖啡等輕鬆嘗到，但鮮味不同於其他味道，是經過複雜而繁瑣的加工程序後製造出來的，因此和其他味道相比，我們很難在任何食物中嘗到鮮味。

食物裡的鮮味源自「麩胺酸鈉」，這是構成蛋白質的物質之一。問題在於，不管哪種蛋白質，麩胺酸鈉在蛋白質所占的比重僅有百分之二左右。韓國用肉熬出來的肉湯、日本的高湯和柴魚片、西方的高湯，還有分解豆類蛋白質的醬油、用牛奶蛋白質做成的起士等，都是人類努力提取鮮味的成果。

從特異的角度來看，鮮味是跳脫「一般」味道的味道。如同影片內容的特異之處會讓人感到慌張並專注，當帶有鮮味的食物擺在眼前，人們就會顧不上說話，忙著將食物送進嘴裡，一邊不由自主地感嘆「嗯！」，專注在食物上。因此人類才會不斷在食物中盡可能添加更多的鮮味（特異）。

這裡和大家分享一件有趣的事。在韓國「味道之鄉」全羅道，「有鮮味」的說法是「gae mi ji da」（개미지다，意指美味），而「趣味」則是「jae mi ji da」（재미지다，意指很有趣），不覺得長得很像嗎？這兩個說法都含有「特別」的意思。

節目《白種元的小巷餐廳》中，味道教父白種元在試吃料理後，有時會說「滿有趣的」、「嗯，這間餐廳還滿有意思的」。曾有人問他：「是覺得味道不怎麼樣才說這種話嗎？」他回答：「真的很好吃的時候，我也會說很有趣，只不過當食物和這家餐廳稍微不同時，我會用這種方式表達。」白種元不僅知道什麼是美味，還知道什麼是有趣，也就是他懂趣味中的「特異」。

雖然有點突然，在電視劇類型中也有可以被稱作「鮮味」的類型。

狗血劇為什麼讓你邊罵邊看？

中文的「狗血劇」，在韓文是「mak jang deurama」（막장드라마），是由兩個詞合成——「mak jang」：坑道盡頭（막장，坑道末端不通的地方）和「deurama」：（드라마，電視劇）。

要定義狗血劇非常簡單，只要在看劇的時後，你嘴裡會不自覺說出「真的好狗血」，那部劇就是狗血劇了。觀眾之所以這樣說，是因為狗血劇的題材通常是不倫、不孝、暴力、犯罪、身世之謎、極度誇張的事件等，不道德又不符合常理、特異點非常極端的關係。這會說是特異，理由就和看別人打架及觀看失火是一樣的邏輯，也就是狗血的題材，不管是在我們人生中，還是在影片裡，都和「普通」遠遠不同。

也有人將狗血劇解釋為「可能性很低的電視劇」，但其實我們不能用電視劇的可能性（發生機率）高低來區分它是不是狗血劇。有的狗血劇徹底合乎邏輯，確實可能發生，但有些則不然。為了區分是不是狗血劇，單純探究電視劇的題材是否狗血更為合理。

在韓國，以高收視率蔚為話題的電視劇，大部分的題材都稱得上狗血，好比《夫妻的世界》和《Penthouse 上流戰爭》，這就是為什麼電視台就算被罵得狗血淋頭，也依舊繼續製作狗血劇，因為他們知道狗血劇就是收視保證，才不斷使用這類題材。

也有電視劇品質低落，但因為題材相當狗血，創下壓倒性的收視率。舉個典型的狗血劇代表《夫婦診所：愛情與戰爭》，它被批評為只是亂拍一通、現實中根本不可能發生，不過該劇即使播出時段和韓國國民搞笑節目《搞笑演唱會》相同，還是有許多忠實的劇迷。《夫婦診所：愛情與戰爭》從一九九九年播到二〇一四年，收視率比最近的電視劇都要高，正是狗血劇中極端的特異點，讓觀眾大罵狗血，同時讓觀眾極度不知所措和專注，引導他們繼續看下一場、下一集。

韓國有很多狗血劇，多到幾乎可以被稱作一種「類型」，以至於也有不少專門寫狗血劇的編劇，擅長製造極端特異。有趣的是，這些的狗血劇編劇不知為什麼簡直像在比賽一樣，爭相努力寫出比其他編劇還獨特、還狗血的內容。

專寫狗血劇的編劇中，也有人獨樹一幟、不落俗套，那就是狗血劇教母林成漢。《白夜童話》、《歐若拉公主》、《新妓生傳》、《老天爺啊！給我愛》、《背叛愛情》、《看了又看》、《寶石拌飯》、《愛戀檢察官》等都是她寫的作品。她的作品在狗血劇中也很特別，當中最經典的，莫過於以「癌細胞也是生命」為由放棄抗癌治療的故事；其他還有被鬼附身後有了透視能力、笑著笑著就過世的場面。另外還有一部劇，十二名劇中人物相繼死亡退出，甚至還有某個角色的眼睛裡會發出雷射光。觀眾罵歸罵，但從結果來看，林成漢大部分的作品還是創下了非常高的收視率。

林編劇已於二〇一五年退休，之後市面上推出的狗血劇還沒有一部能跟上她的獨特之處。「沒有最狗血，只有更狗血」這句話用在林編劇身上真是實至名歸，雖然可能會受觀眾責罵，但被林編劇描寫的特異處吸引，罵歸罵應該也很難轉台吧。

一個「求關注」的世代

不知何時，「求關注」成了一個慣用語。

有些人渴求關注，他們會透過特別突兀的舉止或言語，使大眾對自己感到不知所措，並把注意力集中在自己身上。

事實上從生物學來看，我們都曾經歷過求關注的時期。根據北卡羅來納大學臨床心理學系教授米奇・普林斯坦（Mitch Prinstein）的著作《每個人都想受歡迎》（*Popular: Why being liked is the secret to greater success and happiness*），大腦會對所有種類的酬償產生反應，而腦部的「腹側紋狀體」唯獨在青少年時期經歷社會酬償時會得到刺激，因此人們在青少年時期會過度煩惱該怎麼做才能更受歡迎。在社群網站就能輕易看到，青少年為了得到更多點讚，或是為了增加訂閱人數而努力，因此求關注並不是一個特別的行為，而是我們所有人都經歷過的時期。

這也是為什麼，我們很難看到超過三十歲才開始經營網路節目的人，雖然偶爾還是有，但他們很少和十幾二十歲的人一樣，是做求關注的節目。難道是因為贏不過享受關注的人嗎？從生物學角度來看，想引起他人關注的十幾二十幾歲的主播，和用意不在得到關注的三十歲以上的主播，從一開始雙方的「求關注力」本身就不同。

不過靠個人節目賺錢的人，事實上本就必須成為求關注的人。因為他們不像偶像團體一樣，有大型經紀公司主動幫他們宣傳，而必須獨自推銷自己，激發觀眾的不知所措與注意力。比方在韓國直播平台「艾菲卡TV」上，就有非常多主播為了集結觀眾而努力；要是沒有做出異於他人的特殊行為或發言，就無法存活在這個競爭永無止境的平台。而通常網路直播平台的曝光是依照觀看人數多寡進行排序，因此很多情況下，觀眾根本連看也看不到一些內容平凡的頻道。只要看到人氣主播多麼熟練地創造出「特點」來吸引觀眾注意，就會不禁感嘆其天賦及努力。

當然，也不乏像YouTuber JFlaMusic（訂閱者數一千七百五十萬，以下皆為截至二〇二三年八月二十四日的訂閱者數）的J.Fla、吉他演奏家Sungha Jung（鄭晟河，七百一十一萬）、美妝YouTuber Pony Syndrome（五百九十六萬）、教人挑舞的Waveya（三百七十二萬）一樣，以別人難以具備、獨一無二的藝能與體能創造特異點。不過像他們這樣的人非常少見，因為藝能與體能水準整體來說有平均上升的趨勢，能力要高於整體平均，甚至達到成為「特異」是非常困難的。比方說雖然有許多人將自己演奏樂器或唱歌的影片上傳到YouTube，但這些頻道的訂閱者數大多都無法超過一百人。

相反的，以求關注的行為來展現「特異」就容易許多了。求關注的行為既不要求能力要在平均之上，做這種行為的人本身也是少數，因此不管是什麼，只要言行舉止跳脫被認為是「普通」的範圍，就很容易吸引他人關注，YouTube「ENA School」就是個很好的例子。

讓我們來仔細觀察網路主播為製造特異之處所做的努力。比方說「吃播」，大家都知道這是指暴飲暴食。吃播主的共通點基本上就是吃得非常多，比一般人吃的量要多上好幾倍，這就是吃播最大的特異之處；吃相看起來特別有福氣，或口才很好等等都是次要的。當然，吃一些很刺激、詭異的食物，或非常高級的食物、新推出的食物等，也是吃播的特異之處。

上傳實驗影片的YouTuber在選擇主題時，也不會選擇化學課上無聊的科學實驗，而是在倒滿可樂的浴缸裡放進曼陀珠、將鐵筷插進插座然後烤肉，或是用餅乾包裝紙做成船等，普通人連想都沒想過的事情。也有所謂「實現正義」的YouTuber，他們痛快地解決一般人覺得不便卻隱忍不言的問題，比方像搬家到製造噪音的住戶的樓上，或是去會詐騙勒索的邪教教會說大道理；打惡作劇電話給中古車詐騙集團等，也是他們體現正義的一種方式。

不過，並不一定只有什麼「行為」才會吸引關注。我喜歡的直播主當中有一位是網路漫畫家李末年，他總是坐著直播，很多時候什麼事都不做，只是沉默。雖然他也不太會說些刺激的話，但他在遊戲影片平台 Twitch 上是最多觀眾搜尋的實況主之一。在他的節目內容中，「～世界盃」[17]是最受歡迎的，這只是一個看著照片胡言亂語的節目，但卻真的很有意思。這是因為過去他的漫畫以「起承轉病（無厘頭）」[18]大受歡迎，而他講的內容也是以這種方式發展的緣故。他有著天馬行空般思考的天賦，而這是一般人不會思考的。

話說回來，我們可以製造「特異之處」，但終究不能踰矩。然而，有部分直播主越過了那條線，吸引關注的方式是說些違背倫理的髒話，或動用暴力等；還有人會說出傷人的話，口不擇言，或是描述犯罪情況，誇大言詞、把假新聞說得煞有其事等。他們永遠是最有爭議的一群人，三天兩頭就被告、被檢舉，或帳戶遭到停用。這類直播主中也有不少人收入相當高，但要是特異、轉意、激變會令人不悅，那就不可能有趣。

當社會上「越線」的求關注者越來越多，不知怎地我的內心感到苦澀，畢竟他們應該也不希望為了賺錢，做出受社會譴責的行為。我們有必要思考部分網路直播主越矩的理由，說不定有人是因為覺得不管再怎麼努力生活，都無法改善自己的處境，才做出這種選擇。就像饒舌歌手阿姆說「夢想很高，但現實是臭水溝」，並吐出帶有無數髒話的 Rap 一樣。我們在批評求關注者越線的同時，不也應該批判這個社會，窮人不管再怎麼努力用正常方式賺錢，都無法過上好生活，而富人就算不怎麼努力還是可以過得更好？即使那是很難被解決的問題。

17 譯註：「～世界盃」是韓國常出現的一種遊戲。選定一個主題後，針對相關的兩個影片或圖片，以二選一的方式選擇自己喜歡的一方，藉此讓選項被淘汰或晉級，留在榜上的最後一個選項即為最終冠軍。最著名的例子是挑選自己喜愛藝人的「理想型世界盃」。

18 譯註：李末年以無厘頭式的「惡搞漫畫」著稱，給人感覺很「有病」。若以「起承轉合」來比喻，惡搞漫畫就是「起承轉病」，也就是最終帶出無厘頭的結局。

很潮、氛圍感，都是在追求有趣

大家知道「潮」這個單字嗎？

韓國表示「潮」的單字稱作 hipada（힙하다）。從某個瞬間開始，這個單字就在年輕世代中作為日常用語使用。如果在韓國最大入口網站 Naver 的國語字典搜尋，會發現字典是這樣解釋的：「既保有獨特個性和對事物特有的感受，同時對最新流行很靈敏且感到新鮮。」「在英文單字『hip』後面加上韓文接尾詞『hada』，意指追求新事物、個性強烈。」不過我想，應該不是只有我認為這個釋義太模糊，不太容易理解吧。

tvN 電視劇《阿爾罕布拉宮的回憶》，鄭敏周（李蕊飾演）在劇中說：「（很潮）就是因為不凡，所以才喜歡。」我認為這個解釋比字典上的釋義要來得準確。只要遠離平凡，那就是「潮」，也就是說很潮的東西是「特異」，而某個很潮的事物會讓人不知所措並關注它。

比起潮，「氛圍感」[19]，無論怎麼查找字典，都無法確實解釋其意義。但在社群平台

Instagram 裡，光是加上「氛圍感」這一主題標籤的貼文就大概有一百萬篇以上。分析該詞在使用量上的大數據，可以發現從二〇一六年底開始，使用量就猶如指數般暴增。

這個單詞百聞不如一見，只要看看在 Instagram 上搜尋該詞後出現的照片就能知道該單詞所指的意義了。搜尋出來的照片都像在拍作品照一樣，有氣氛、有感覺、富感性。「氛圍感照片」中比普通照片更多了精心調度——基本要有能夠呈現出特別氣氛的濾鏡，要尋找適合拍照的地點，然後在那裡等待，直到最適合拍照的時機出現：還要安裝鏡頭、架設燈光、布置漂亮好看的物品，就像模特兒或演員擺好姿勢拍出來的照片一樣。也就是說，氛圍感照片是試圖脫離「普通照片」這個一般範疇的成果。

不知從何時開始，氛圍感咖啡廳、氛圍感餐廳、氛圍感酒館、氛圍感展覽等陸續出現，還出現「氛圍感照片的市場行銷」這種說法。如果說普通照片是習作，那麼氛圍感照片就是精心打造的作品，算是為了拍出好看的照片而下功夫的行銷策略。

19 譯註：氛圍感的原文「gaemsong」（갬성）是從「感性」一詞引伸而來，為「個人，gaein」（개인）加上「感性，gamsong」（감성）的新造詞，因此也有人將其翻譯為「感性」或「個人感性」。從二〇一〇年代開始，韓國社群App流行將「氛圍感」放在句尾，以「某某氛圍感」表示某個刺激、牽動人情感的事物，通常是在認為該對象非常浪漫、或很有氣氛、很有感覺時使用。同時，也有人批評這種濫用「氛圍感」單字的行為很做作，只是在強調個人取向藉以吸引目光，因此將「氛圍感」諷刺為只有「你自己」覺得浪漫、有氣氛。

跟相機還不普及的十幾二十年前相比，如今，平凡的照片實在太多，再也吸引不了人們的目光。科技日新月異，人們甚至可以使用手機上的相機拍電影，誰都可以拍出「普通的」照片，因此現在，人們用精心的調度去拍出有氛圍感的照片。

像這樣，潮和氛圍感的根源，都包含了追求「特異」的欲望。

什麼事都不做反而更有趣

《90分鐘末日倒數》和《恐怖攻擊直播》同樣的導演、演員，不同的趣味

《90分鐘末日倒數》和《恐怖攻擊直播》是同一位導演的兩部電影，就連主角都一樣，由河正宇擔任演出，不過觀影人次卻相差了近五倍。是哪部電影誘惑了比較多觀眾呢？

首先，電影《90分鐘末日倒數》非常華麗。南北韓和美國傭兵在隧道裡展開槍戰，他們因複雜的國際關係而纏鬥不止，動作場面華麗炫目，甚至還出現像是會在《不可能的任務》這類好萊塢電影中登場的新型武器。相反的，《恐怖攻擊直播》在電影播放的一小時三十七分鐘裡，攝影機大部分都在拍攝電視台內部，只給觀眾看到主播河正宇和炸彈客通話的場面。

如果沒看過這兩部電影，光憑這樣的說明，說不定會以為《90分鐘末日倒數》的觀影人次較多，但觀影人次多出五倍的電影其實是《恐怖攻擊直播》。這是為什麼呢？因為這部

電影非常特異。

有別於「一般」賣座電影，《恐怖攻擊直播》只透過靜態的場面讓觀眾感到緊張不安。如果你經常看電影，就知道這樣的電影非常少見，特別是以恐怖攻擊為題材的電影，通常會用炫目的動作戲和在各種場所展開的大場面，讓觀眾看得目瞪口呆。但《恐怖攻擊直播》只用電視台主播和恐怖分子的通話，就引起了觀眾那樣的不知所措感。

與《恐怖攻擊直播》類似的還有《絕命鈴聲》、《這個男人來自地球》、《活埋》、《失控隧道》等電影。這些電影，攝影機都只拍出封閉的空間；《恐怖攻擊直播》是電視台，《絕命鈴聲》就是公共電話亭，而《這個男人來自地球》、《活埋》和《失控隧道》則分別是拍客廳、棺材裡以及隧道中。雖然每部電影的主角整部片下來幾乎都只待在一個場所，但電影帶出的不知所措感卻不亞於華麗炫目的電影。如同韓劇《太陽的後裔》的台詞，因為「達成了那樣困難的事」，觀眾對這些「特異的」電影佳評如潮，進而吸引了更多觀眾觀看。

反之，《90分鐘末日倒數》雖然華麗又炫目，卻會讓人覺得「所以咧？太老套了，了無新意」。這是由於電影本身雖然華麗炫目，但放在商業電影又太常見了。如果說在電影界很常見到華麗炫目的場面，那麼這樣的場面就屬於「普通」範疇。除非電影的華麗程度超出一般水準，或是讓觀眾覺得那「不是」大場面的電影，卻引起了相當於大場面電影帶來的不知所措感，這樣才能打造出特異之處。

另一方面，在平凡的華麗中，《90分鐘末日倒數》的情節實屬陳腔濫調——兩個敵對人物（南韓和北韓）在毫無預期的狀態下必須一同戰勝逆境，最後在逆境中成為朋友。電影就如同結局老套的動畫片，能一眼望到頭。不論劇中人物所處的情況再怎麼激烈地變動，如果那個激變毫無新意，就不特別了。

電影需要不斷執行特異、轉意、激變，讓觀眾可以在一個半小時長的時間裡集中注意力。雖然說安排河正宇這樣的大牌演員可說是一個特點，但即使演員再好，還是沒辦法獨自承擔電影要呈現的無數特異、轉意、激變。就如同演員黃晸珉所說：「我只是在已經擺好菜餚的餐桌上放上湯匙而已。」電影就像一場足球賽，只靠一個人踢好是不行的；就和梅西如果是為乙級隊伍效力，就很難期待球隊會出現佳績一樣。

轉意

改變想法與意義

「你怎麼現在才來？」

對初次見面的病患，庸醫劈頭就這麼說。聽到醫生說要是再晚一步，就要出大事了，患者心裡一驚。

——暫時陷入驚恐。

設好陷阱的醫生露出滿意的笑容，丟出誘餌。

「不過還好你現在來了⋯⋯」

他對著我犯了點腰痛的朋友這麼說，接著在朋友的脊椎下方插進了大如釘子般的針頭。但後面來了個大逆轉，這支針，其實不用打也行。

這章我想說的就是這個，只要改變觀眾想法中的某一點，就會讓觀眾感到不知所措並且專注；就好比醫生一句話，就改變了朋友原本覺得「沒那麼嚴重」的想法，麻痺他的顯意識，讓他只看著醫生的嘴巴一樣。如果說打造趣味的第一個原理是「特異」，那麼第二個原理就是「轉意」。

「不過你啊，怎麼現在才來？」

我一直在等著你，為了要告訴你趣味的原理。

諧音哏永遠不死

改變一個單字的意義，就是改變人對該單字的想法。

問：世界上最小的動物是？

答：牛[20]。

問：牛如果做錯事的話？

答：mistake[21]。

問：如果有超多筆？

答：簽字筆[22]。

問：月亮在地鐵站會變成？

---

20 譯註：韓文的形容詞「小」與「牛」同字。

21 譯註：韓文牛排的發音為「steak」，再加上英文字首「mis-」表示「錯誤」（mistake）。

22 譯註：簽字筆的英文「sign pen」發音似韓文「積累的筆」。

答：月曆[23]。

問：如果爸爸發光？

答：礦夫[24]。

問：如果爸爸學習？

答：功夫[25]。

問：你，站起來，用三個字講是什麼？

答：劉寅娜[26]。

這是在艾菲卡TV直播主imda的節目中出現的大叔式笑話，也就是諧音哏。韓文裡，「大叔式笑話」是「大叔」和「搞笑」的合成詞，意指又冷又無趣、跟不上時代的搞笑」[27]。

雖說如此，諧音哏在韓國最近幾年間享有超高的人氣，也很難完全說它無趣。諧音哏為什麼突然盛行呢？明明也不是新式幽默，但只要回想一下受歡迎的諧星，就會發現沒有人不用諧音哏。諧音哏從很久以前開始就流行了，改變的其實是節目播放環境。如今艾菲卡TV和YouTube等平台發達，隨著創建個人頻道變得容易，諧音哏也重新盛行起來。

諧音哏一直是帶來趣味的有效工具，因為這類笑話可以創造出意想不到的意義變化，內含轉意（改變想法、意義）的原理，令觀眾不知所措和專注。

在前面諧音哏的例子中，如果你先看答案而不是問題，就能領悟那個原理。首先最後一個笑話裡，要是先看到「劉寅娜」這個答案，就免不了想起藝人劉寅娜。現在來看問題，「你，站起來，用三個字講是什麼？」這個問題改變了劉寅娜這個單字的意義，也就是藝人劉寅娜變成「you（韓文『劉』的發音，即『你』）起來（韓文發音 ireona，念快一點音近似寅娜 inna)」。

我之所以會說「內含轉意的原理」而不是「有轉意」，是因為諧音哏是我們從小就一直會用的玩笑話。由於大多數韓國人都很清楚哪個單字的意義會被改變成什麼形式，一般的諧音哏是無法讓人非常不知所措並專注的。也就是說，當曾經一度令人慌張並專注的情

23 譯註：地鐵站的韓文發音為「yok」，而月曆的「曆」為「ryok」，在地鐵「站」前面加上「月亮」（dal）之後產生連音，發音就和「月曆」相似。

24 譯註：韓文的「光」（gwang）發音與「礦」相同，而爸爸為「夫」，便成「礦夫」。

25 譯註：韓文的「學習」發音與「功夫」相同，加上「夫」代表「爸爸」，因此為「功夫」。

26 譯註：取自諧音的玩笑，詳見後面段落說明。

27 譯註：年長男子為展現自己的幽默才氣，會說一些自以為好笑、實則無趣的話，但因韓國男子地位通常較高，其他人只能附和地笑。大叔式笑話常見類型有同音異義詞、無厘頭類型等，類似台灣的冷笑話或早餐店飲料杯蓋笑話。後引申為就算不是大叔說的笑話，只要是無法引人發笑，就會被認為「像大叔們在講的笑話」而稱之。

節，出現在許多大同小異的影片中，人們便會開始覺得老套。總之諧音哏帶來的「笑果」雖然不是那麼大，但因其內含轉意的原理，某種程度上還會使聽眾驚慌、專心。這也是為什麼擅長講諧音哏的人就算不是人氣王，也能讓周邊的人慌張並專注。

另一方面，饒舌歌手的「嘻哈哏」原理也和諧音哏有異曲同工之妙。嘻哈哏在字典上的意思是「嘻哈音樂中為表現同音異義的雙重意義所使用的歌詞」，帶來的效果則「猶如受到一拳重擊的感覺」。這個原理正是轉意，使人有瞬間清醒的感覺，也就是不知所措和專注。比如，如果拿前面提到的其中一個諧音哏來作詞，寫句很冷的哏，大概就會是「我爸是礦工，在我面前經常發亮」。因為「礦工」雖然是指在礦山裡採礦的人，但也意味著「發光的人」（韓文發音同『光夫』）。「好冷」也是使人驚慌的一種。

諧音哏、嘻哈哏，流行的東西必定會使大眾不知所措並專注。如果有某個東西讓你有這種感覺，那麼在那裡必然包含著特異、轉意、激變的原理。

詩是轉意的趣味

大家都知道詩是一種文學體裁，但大家真的清楚什麼是詩嗎？

「你走了，啊，我摯愛的你離開了，
打破翠綠的山光，我朝著楓樹林走在一條小路上，忍心拋棄你離開了。」

從韓龍雲的詩〈你的沉默〉，到李箱的詩〈烏瞰圖〉：

「第一個孩子說怕
第二個孩子也說怕
第三個孩子也說怕……」

我們雖然在學校學過詩，但詩到底是什麼，我們無從得知。到底什麼是詩呢？從結論來說，詩只能藉由轉意（改變想法、意義）來定義。

教科書上的定義通常是這麼寫的：「詩是將自己的想法及感情藉由韻律，以含蓄的語言表達的作品。」另外還有許多附帶說明，例如：「韻律包含內在的韻律和外在格律；念出文字時如歌唱一般的，則為韻律」、「含蓄的語言有比喻和象徵等；形象則是在想到某個對象時浮現的感覺」等。

但教科書的這種定義，只是將幾首詩的幾項特徵羅列出來而已，有些詩符合這種定義，但有些可能只有部分符合，或像李箱的詩一樣，可能連符合的地方都沒有。比方，曾在《朝鮮中央日報》連載的詩歌〈烏瞰圖〉中的第四首詩〈烏瞰圖第四號〉，除了「關於患者容貌和姿態的問題」、「診斷」、「以上，責任醫師，李箱」這些文字以外，其他全部都只有數字。

詩是如此模糊，以致有詩人下了「詩是一切、也不是一切」這樣的定義。竟然說是一切、也不是一切……你可能會認為這樣子的定義有些不負責任，但我對這個定義還挺滿意的，因為這句話表現出「詩＝轉意」這一事實。如果要讓某個東西「是一切的同時又不是一切」，那麼就要使那個東西在意義上產生變化。

比如，現在你拿起身邊的一個東西，如果是書的話，就這麼想：「書是書，但同時再也不是書了。」如果不再能用一般意義去理解一個很普通的東西，就會使人不知所措並開始專注。

「玻璃上有什麼冰冷又悲傷的東西
（中略）擦掉再看　又擦掉再看
黑夜被推走了　又被推來與琉璃相碰
濕潤的星星　有如寶石般閃閃嵌在心裡。」[28]

——鄭芝溶〈玻璃窗〉

雖然這首詩的意思是「因為想念離世的他而傷心」，但詩中寫到的語句與意義相距甚遠。「冰冷又悲傷的東西」是在說詩人因肺結核離世的兒子；漆黑的夜和濕潤的星星也並不如字面上的意思，表示夜晚和星星。和詩人藉由完全不相關的字詞，透過象徵、比喻、形象、聯覺等，得到了意想不到的意義，而讀者會因這個轉意感到不知所措並專注，這時，詩人真正想表達的意思方才顯露出來。

如果讓我來定義詩，那就是「詩是轉意」，或「詩是要改變意義的宣言」。其他似是而

28 譯註：譯文引自崔末順《海島與半島：日據臺韓文學比較》第五章〈三〇年代韓國文壇對現代主義詩的受容〉，p. 188～189。

非的定義只會讓詩更令人費解而已。正因為詩製造出轉意，讀者才會對詩感到不知所措並集中注意力；而隨著讀者對詩感到不知所措、專注，詩人的真意在傳達上會也更令人印象深刻。

在能觀賞的東西只有文字作品的時期，詩人就是人氣創作者。過去所有人都會注意詩人的筆，像金洙暎等參與派詩人的詩歌[29]，其影響力甚至大於政治人物的演說。讀者對詩歌反映出的悲痛、孤獨或沉重的政治主張，感到不知所措且專注，因為詩就是引起不知所措和專注的「轉意」。

之後，當今的詩歌與影像融合，製造出差距更大的轉意。電視劇《孤單又燦爛的神—鬼怪》裡登場的詩人金寅育的詩就是最好的代表。

「質量的大小與體積不成正比
如紫羅蘭般嬌小的那女孩
如花瓣搖曳的那女孩
以超越地球的質量吸引我
霎那間，我

如牛頓的蘋果
一股腦地滾落於她面前
那正是初戀」[30]——金寅育〈愛情物理學〉

主角孔劉一邊吟著這首詩，一邊看著心愛的金高銀，這時詩歌所製造的轉意（意義變化）就被影像化了。跳脫文字、被視覺化的詩的轉意，使觀眾更加不知所措、更為專注。而吟詩這一幕同時表示孔劉陷入初戀，也就是說這一幕同時也表達主角發生了激烈變化。基於這些理由，該幕在《鬼怪》無數個片段中成為經典，這可以說是詩歌符合影像時代的進化。

29 譯註：「參與派詩人」是韓國詩文學的派別之一，他們認為文學必須積極反映社會問題（參與到社會中），而基於這樣的想法創作的作品即為參與派詩歌。參與派代表詩人以金洙暎為首，在一九六〇年代發表了許多與社會有關的作品。

30 譯註：譯文引自劉芸譯《愛情物理學》。印刻出版，二〇一七。

讓評審笑掉大牙——戲謔仿作

「不是說要告訴我們打造趣味影片的方法嗎？又不是在上國文課……」

我想各位可能會覺得有些無聊，因此下面帶來我在一場詩文寫作比賽中寫過的打油詩。在這場詩文寫作比賽，由詩人吳銀和小說家殷熙耕擔任評審委員，而我戲謔地仿作了詩人白石的〈我，娜塔莎和白毛驢〉[31]。希望各位務必找出原詩讀一讀，以享受一首詩成為另一首詩的意義變化（轉意）。

好……都讀完了嗎？那麼就開始了。

〈我，烤腸和香醃白蘿蔔片〉

發胖的我
愛上了美味的烤腸

今夜垂涎三尺
我愛著烤腸
饞涎欲滴
我獨自孤單地坐著
喝著燒酒，想
烤腸和我
在饞涎欲垂的這個夜晚騎著香醃白蘿蔔片
一起去肚子裡吧，移居到肚子深處的胃裡吧
饞涎，越滴越多
我還在思念著烤腸
想像著烤腸來到我嘴邊
在我嘴裡靜靜融化
移居肚子裡並不是輸給減肥

31 譯註：原詩描述貧窮的話者與心愛的娜塔莎之間的愛情，兩人在下大雪的夜晚騎著白驢移居深山。該詩於一九三八年發表，是一首講述超越現實的理想、對愛情的依靠以及歌唱心願的作品。娜塔莎為話者愛戀的對象，而白驢則代表純潔的形象。

而是我們拋棄了這該死的減肥
饞涎在滴著
美味的烤腸愛上了我
而那香醃白蘿蔔片也彷彿喜歡這個夜晚，喀嚓喀嚓地叫著

希望博君一笑，就算沒有笑也無妨，因為世界上不存在讓所有人都感到有趣的內容，就像也有人不喜歡創下一千六百萬名觀影人次的搞笑電影《雞不可失》。由於每個人各自成長的背景不同，因此受到特異、轉意、激變影響的程度也就不同；會使多數人不知所措和專注的特異、轉意、激變，也有可能對某些人來說枯燥乏味。趣味和價值觀密不可分，某些人覺得有趣的東西也有可能是其他人譴責的對象。另外對某些人來說，特異、轉意、激變會帶來什麼樣的感覺，也會受到那個人的基本狀態影響。例如看了《雞不可失》也不笑的觀眾當中，可能也有人是那天跟誰吵架了，或者心情不好。

讓我們再回到詩文寫作大賽。我在改變詩歌整體意義的同時，思考了有什麼題材是可以讓讀者發笑的，那就是烤腸。我想像了諧星金峻鉉在烤腸前面垂涎三尺的模樣，畢竟不管愛情或食欲，在渴求某個對象時，都是大同小異的。

既然我已經決定將核心意義從「娜塔莎」改為「烤腸」，接下來寫作就很順利了，因為

我只要想像金峻鉉坐在烤腸店的畫面就好。戲謔仿作就是這樣在某個東西上製造出與原意相距甚遠的意義，讓觀眾不知所措且專注。

不知是否因為這樣的轉意深植人心，這首迅速完成的作品得到了詩文組次上（第四名中的第一等）。評審殷熙耕對我說：「這太好笑了，評委們看到後都只顧著咯咯笑呢。」

曾經在二〇一九年引發熱烈討論的諧星秋大葉（추대엽），又名「copy 秋」，他的高人氣也是因為有效運用了戲謔仿作的轉意。他將歌曲原曲的旋律和其他旋律拼在一起，改寫成搞笑的歌詞演唱。

〈如果因為說想你就能見到的話，這個世界就沒有離別了吧〉——copy 秋

不管再怎麼等，會來嗎
不管再怎麼痛哭流涕，他不會來的
別說你想我
想哭的時候就哭吧
越過那些曾瘋狂深愛的記憶到另一邊
我們一起離開吧

雖然不到要死的程度

雖然到「不管再怎麼等，會來嗎」為止，聽眾都以為歌曲旋律會是歌手金範秀的〈我想你〉（*Miss you*），但那樣的想法隨著旋律繼續發展而改變，原曲所包含的意義果然有了其他完全不同的意思。因為這兩次的轉意，聽眾感到不知所措並專注，然後哈哈大笑。

意料之外的趣味——隱喻

雖然現代人將藝術視為一項枯燥乏味的科目或通識教育，但在過去沒有電視、網路和智慧型手機的時代，欣賞藝術就和如今觀看 YouTube 一樣，是追求趣味的行為。

藝術必須經常尋求特異、轉意、激變，因為這三大法則帶來的效果，其實就是欣賞，而藝術正是被欣賞的對象，特別是現代藝術。現代藝術比過去更積極地將藝術定義為「只要某一點能誘發欣賞，那個東西就是藝術」。比方說馬塞爾．杜象把買到的小便斗作為藝術品發表（杜象〈噴泉〉），引起了眾人欣賞，因此可被稱為藝術。將應該在廁所的小便斗規定為是藝術作品，這本身就大幅跳脫了「一般」的範疇，打破了大眾的成見。不同於廁所裡的小便斗會引來排泄，〈噴泉〉因為是特異和轉意，所以帶出了不知所措和專注。

人類會使用文字之後，產生的藝術便是詩歌與小說，而詩人或小說家也希望大眾能欣賞他們創造的藝術，所以特異、轉意、激變一直都是創作者的商業機密。而這個機密就存在於文字的隱喻中。和諧音哏、嘻哈哏相同，隱喻含有轉意的原理，也就是隱喻是轉變讀者對某種事物的想法，引發不同意義，使讀者慌張並專注。

關於隱喻，學校的國文老師大都說明：「隱喻就是『XXX是XXX』。」例如老師會教我們：「『人生是一場旅行』就是一種隱喻。」這樣的說明不僅直觀，也比其他說明要來得淺顯易懂。

讓我們將眼前的事物用隱喻法表現一下。就我來說，我眼前有台筆記型電腦，畫面上顯示著這本書的原稿，桌上還有一杯拿鐵。

「文章是一杯拿鐵。」

看到後有什麼想法呢？也許會想「為什麼文章會是拿鐵？」稍微慌張了一下，然後又集中精神了吧。這是因為出現了意義上的變化，文章變成了拿鐵。

我們在學校學的詩歌，有著「人生是行旅」、「我的心是一汪湖水」、「五月是季節的女王」、「沉默是金」等隱喻。人生變成行旅，心變成湖水，五月成了季節的女王，沉默變成金。

如果說對於這樣的隱喻並不怎麼慌張或專注，這個理由就和諧音哏不那麼令人慌張的原因類似，因為那樣的意義變化，在我們的成長過程中接觸的次數太多，以至於我們再也無法覺得那是大幅的轉意。

自然紀錄片為何收視長紅？

大家應該都看過記錄植物細微動態的紀錄片。紀錄片裡，原本以為不會動的植物竟然像動物一樣擺動。也許你會想：「不過就是大自然裡會動的動植物，有什麼好看的？」但出乎意料的是，自然類紀錄片的收視率很高，而且也很容易賣到世界各國電視台。

人們之所以會被自然類紀錄片吸引，理由在於這類紀錄片是對人類世界的隱喻。自然類紀錄片讓觀眾認為大自然＝人類世界，也就是因為影片改變了觀眾內心的想法，收視率才會那麼高。

讓我們回想一部自然類紀錄片。自然類紀錄片使用超高速攝影機，細膩地捕捉植物細微的動作。那樣捕捉下來之後，我們驚訝地發現植物其實就像動物一樣，動作非常快速。在自然類紀錄片中，植物顧名思義成了「綠色的動物」。

不只如此，原本看似與世無爭的大自然，也越看越像人類生活的世界。植物為了生存會激烈地競爭；為了行光合作用，會費勁爬得比其他植物更高。某些植物為了找到陽光，不會往更高處爬，而是寄生在其他植物上。有些植物為了生存，會將其他植物捲死；而有些植物則會設下陷阱欺騙昆蟲，抓牠們來吃。

植物和人類世界相似的地方並不只有在地面上，地底下也同樣為占有更多養分，展開激烈的競爭。植物的根在地底下的領域比地面大更多倍，彼此互相複雜地交織，為取得更多領土而開戰。

自然類紀錄片不過是拍攝了植物，卻奇妙地讓觀眾開始看到人類所在的世界，想起人類為了存活而競爭、為了擁有更多而掠奪、為了生存而寄生，甚至犯法詐欺等，儘管螢幕上除了綠色和土色之外什麼都沒有。根據不同的觀眾，自然類紀錄片也可能成為像熊變成熊女[32]一樣令人不知所措的事件。也就是說，紀錄片展現了與人類世界有關的強大隱喻和強烈轉意，才引起人們的不知所措和專注。

32 譯註：熊女是朝鮮古代神話中一個由熊化為熊女的角色，是太陽神之子桓雄的結髮妻子，朝鮮日後的開國君主檀君王儉之母。

歌手為什麼要用新名字發表？「顛覆角色」的趣味性

打開家門走進去，卻看到媽媽若無其事地用爸爸的語氣說話、行為像爸爸一樣。反過來，要是爸爸變成了媽媽，你會覺得如何？

最近只要打開電視，我就會有類似的不知所措感，因為有非常多藝人化身新角色、也就是「副品牌」，重新出現在觀眾面前。

歌手 Rain→雨龍
歌手 嚴正化→萬玉
歌手 李孝利→Linda G、千玉
歌手 李尚順→George Lee
歌手 Jessi→銀菲
歌手 華莎→Maria、絲菲

歌手、主持　黃光熙→S.B.N
作曲家　鄭在炯→鄭俸源
演員　金信英→金多雨
演員　朴娜勑→Zozina
模特兒　韓惠珍→莎曼達
歌手　Mad Clown → Mommy Son
主持　宋海→糊塗宋海
藝人　申奉仙→辣椒申（Capsai shin）

其中，劉在錫是最近幾年化身最多身分的人物。他一下子是「Daktor 劉」，一下子是「劉 DJ」；接著又成為「劉歸農」，然後變成「劉哥史達」，再化身為「U-Dragon」、「劉拉性」、「劉菲斯」、「劉三絲」、「劉 Sam」、「知美劉」[33]。就像演員在演戲一樣，劉在錫每變一次，就搖身成為個性另類的人物。

主導並開啟副品牌、副角色熱潮的，正是知名製作人金泰浩。他曾在一場主題為《副角色—另一個新綜藝趨勢》的演講中表示：「找出我們之前不知道，說不定連本人都不知道的劉在錫吧。」也就是說「副品牌」就是一種「轉意」，透過改變觀眾對某個人物的看法，來引起觀眾重新重視。

轉意可以改變的不是只有角色。如今整個世界正在大翻轉，好比「元宇宙」（Metaverse，由意指『超越』的希臘語 Meta 和表示『世界』的 Universe 組成；雖然此概念尚未被完全確立，但可以簡單解釋為『虛擬現實世界』）。

關於元宇宙，只要回想電影《駭客任務》的虛擬現實世界，或是史蒂芬·史匹柏導演的電影《一級玩家》裡頭的虛擬空間「綠洲」，就很容易理解了。人們在現實世界能做到的所有事情，登入元宇宙後幾乎同樣可以辦到。

如今，到處都在打造取代現實世界的虛擬現實世界。全球銷量超過兩千萬套的人氣電玩遊戲《集合啦！動物森友會》可謂元宇宙的代表。這款遊戲中，玩家可以布置自己的島嶼、拜訪他人的島嶼，在那些島上賺錢、享受興趣愛好，還可以辦生日派對或舉行虛擬婚禮。美國總統大選時，拜登的競選團隊還在該款遊戲中展開了競選運動。這款遊戲沒有明確目的，就只是取代現實而已。

33 譯註：這邊提到的身分都出自綜藝節目《玩什麼好呢？》裡面扮演的副角色，一個副角色對應一個節目主題或節目企畫。

而擁有最受歡迎元宇宙的電玩遊戲非《要塞英雄》莫屬。該遊戲在全世界擁有三億五千萬名玩家，原本是第三人稱射擊遊戲，但也具有元宇宙的功能。比方說防彈少年團就曾在這款遊戲中公開歌曲〈Dynamite〉的舞蹈版音樂錄影帶，引發熱議。當「音樂錄影帶即將開始播放」的公告一出現，眾玩家就跑到遊戲指定的空間觀看音樂錄影帶；如果購買指定道具，玩家還可以讓自己的角色跳防彈少年團的舞蹈。美國知名饒舌歌手崔維斯・史考特，新單曲專輯《THE SCOTT》的發行紀念演唱會就在《要塞英雄》裡面舉行。在史考特的虛擬化身演唱六首歌曲的同時，玩家又舞又跳地享受了表演。當時為了欣賞該場表演而登入的人數，足足達一千兩百三十萬人。

當然也有韓國本土的元宇宙——Zepetto。這是一個將虛擬化身運用到擴增實境的應用程式，由Naver子公司Naver Z營運。該應用程式在推出的兩年內，全球註冊人數就突破一億八千萬人。韓國女子偶像團體Blackpink曾在Zepetto舉辦簽名會，當時有超過四千六百萬名用戶參加。

從趣味的角度來看，元宇宙是製造轉意的技術。如同劉在錫搖身一變成為劉三絲，只要進到虛擬現實的世界，就能將現實的一切變為虛擬現實的東西。因為這樣的轉意，讓進入元宇宙的人不斷感到不知所措並專注。

「The Metaverse is coming.」（元宇宙即將到來。）NVIDIA 輝達的執行長黃仁勳曾說，未來將會成為元宇宙的時代。有人說，元宇宙將在不久的將來取代社群軟體，並進一步取代現實世界。在虛擬世界吃飯、看電影、喝茶、讀書、睡覺、唱歌……雖然在現實世界可以做一切可能的事情，但在虛擬世界，所有事情都會變得略有不同，而這樣的轉意將使人不知所措與專注，引發趣味。現在，正是轉意的時代。

用開頭一句話打破成見

當某樣事物打破成見，就會改變人們的想法（轉意），而轉意的效果正是慌張與專注。

「世界上存在著等火燃燒的植物。」

EBS《Docuprime》[34]的自然類紀錄片〈綠色動物〉第一部〈繁殖篇〉，畫面出現一處燃燒的樹林。只要山林失火，幾乎所有植物都會被燒死，但這個世界的某處卻有植物必須藉由失火才能繁殖，那就是木麻黃、班克松和巨杉。這些樹木只有在兩百度以上的高溫中，毬果才能打開來傳播種子。它們的種子裡有翅膀，因此可以順著火產生的上升氣流飛得很遠，有時消防員也會故意製造山火，幫助這些樹木繁殖。

這些樹木之所以不用擔心山火，是因為樹皮含有水分，能夠忍受大火。而山火會將樹木的競爭者全都燒掉，變成肥料。對其他植物來說，遇到山火這樣的災難也無可奈何，但對這些樹木而言卻非如此。對這些樹來說，危機就是轉機。

「世界上存在著等火燃燒的植物」，紀錄片〈綠色動物〉中以這種轉意的句子起頭，不斷出現新資訊，改變一般人的想法。觀眾因為內容打破成見，而感到不知所措並專注；起初還以為會很無聊的自然類紀錄片，卻抓住了觀眾的注意力。

另一方面，成功的廣告文案也會利用轉意，使消費者感到不知所措並專注。每日乳業（Maeil Dairies）的文案「香蕉本來就是白的」，就像剝去香蕉皮一樣，大大翻轉了長期主導市場的 Binggrae「香蕉口味牛奶」所建立的「香蕉=黃色」這一觀念。另外，三星火災海上保險公司的「有病長壽時代」也改變了「無病長壽」這個在過去很普遍的想法。韓國電影《叛獄無間》的宣傳文案「在監獄裡操控世界的傢伙們」也是如此。

34 譯註：韓國教育廣播公司所製作的紀錄片節目。該節目自二〇〇八年播放以來，至今已播出兩百二十八篇各種主題的紀錄片。

搞笑教父的商業機密

我曾在二〇一八年訪問演員兼導演沈炯來。面對機緣之下得以一見的大導演，我慌張地提出各種問題。在超過一小時的訪問最後，我問：「你覺得能夠製造出趣味、逗笑觀眾的祕訣是什麼？」

沈導演稍作猶豫，接著像是要說什麼商業機密一樣，淡淡地笑著說出一個詞，那就是「預期之外的笑點」。他說：「是因為我用動作行為打破了大眾的預期，所以才好笑。比方說我們走在路上的時候，如果突然把手扶在牆上，其他人一定就會問『為什麼要扶著牆？』這時扶著牆的人就說句意想不到的話：『因為我怕牆會倒。』不光是這樣就好了，如果他的朋友說：『你有病吧，走了啦！』然後把那個人拉走，在這時牆壁真的倒塌的話，就會爆出更大的笑聲。」

聽到這句話，我瞬間想起了小時候和家人坐在電視機前面看英九[35]。電視裡，英九經常做出跳脫大眾預期的行為，例如老師上課點名一喊「宋英九」，他就探頭出來說「英九不在～」；原本好好走在路上，突然就去撞牆，或是原本要打前面的人結果打到後面的人。如果說預期也是想法的一種，那麼「預期之外的笑點」就是改變那個想法的轉意，引起人們不知所措和專注。

沈導演還被稱作鬧劇大師，這裡的鬧劇（slapstick）指的是「用肢體引人發笑的喜劇（而不是用話語）」。表演鬧劇的人通常動作會比一般人要大。打招呼時，如果一般人鞠躬四十五度，演鬧劇的人就會鞠一百二十度，然後跌倒，這也是「預期之外的笑點」。

綜藝節目《無限挑戰》的成員或許是最積極使用鬧劇手法的諧星之一。他們不斷演出跳脫預期的行動，讓「肢體搞笑」這一詞蔚為風潮。有些鬧劇甚至不是刻意安排的，像是原本好好坐在椅子上卻突然意外摔倒，或是徒手抓住飛來的羽毛球等。

在法治規範相對比較寬鬆的網路節目中，鬧劇則越來越跳脫大眾預期。比方艾菲卡TV的直播主鐵鉤在進行吃播時，做出了「嘔吐」的鬧劇：把食物吃進去又吐出來，然後再次吃下。在他之前，誰都沒有想到竟然有人會這麼誇張，行為大大顛覆了人們的預期。鐵鉤之所以有高人氣，甚至被譽為艾菲卡TV的總統，就是因為他數年來不斷製造出嘔

35 譯註：韓國八〇年代末一個膾炙人口的喜劇角色，因個性憨傻深受韓國國民喜愛，之後成為傻瓜的代名詞。沈炯來便是以這個角色成名。

吐級的「預期之外的笑點」。

而如今，許多網路直播主不僅和鐵鉤一樣表演嘔吐吃播，還試圖做出更具刺激性的鬧劇，但終究還是不能踰矩。任何想要給予趣味的行為，只要會給一個人帶來痛苦，那麼就是不道德的行為。如同前面所述，影片內容裡就算包含了特異、轉意、激變，只要會使人反感，就不能算是有趣的影片。

「犯人到底是誰？」推理驚悚片的吸引法則

各位喜歡推理驚悚片嗎？就是那種犯罪發生時背景昏暗，不斷追查誰是犯人、而犯人又是怎麼作案的劇情。

由於被稱作推理驚悚片的內容本來就非常多樣，因此很難斷定什麼才是推理驚悚片，不過推理驚悚片類型有個很大的共通點，那就是必須尋找犯人及其犯案動機，而這一類型的影片，必須在找出這兩點之後才會結束。

有些人因此也將推理驚悚看作是一種敘事手法（用特定方式或順序架構故事的方法）。而在韓國，當我們將推理驚悚看作是一種敘事手法，經常會問：「凶手是誰？」

只要想想殺手遊戲就很容易理解了。有凶手的懸疑片通常是從「尋找犯人」這個大脈絡中，不斷製造疑點並解決疑點，也就是這個類型會帶領觀眾不停轉換思考（轉意）。在這類影片中，有嫌疑的人物會持續變換，使觀眾陷入不知所措和專注的狀態。

優秀的推理驚悚片到劇情結束之前都不會讓觀眾停止懷疑。建議各位回想一下最近看過覺得有趣的推理驚悚電視劇或電影，在劇情一開始時認為是犯人的演員，到了後半部之後還覺得他就是犯人嗎？應該不是。如果到了後半部還讓你這麼認為的話，那麼影片應該就不有趣了。好的推理驚悚片會讓你不斷對不同人起疑心，懷疑他就是凶手；而且這樣的變化每出現一次，觀眾就會感到不知所措並專心。

一開始以為A是殺人犯，現在看來似乎不是；而原本看來平凡的B則開始教人懷疑。比方電視劇《祕密森林》是由曹承佑飾演無法感受到情感的檢察官，由裴斗娜飾演熱血警察，觀眾從開頭就懷疑凶手就是曹承佑，因為他沒有感情；雖然身為檢察官，卻也可能是殺人魔。更重要的是，因為導演在開頭便將曹承佑描述得像犯人一樣。

不過隨著劇情發展，觀眾解除了對曹承佑的疑心，將懷疑的目光轉向飾演卑劣檢察官的李浚赫。這是因為導演讓觀眾看到李浚赫執迷於權力的模樣，在演出上凸顯他的卑鄙，使觀眾起疑。當觀眾越來越堅信李浚赫就是犯人時，又出現了下一個值得懷疑的申惠善；在申惠善做出可疑舉動時，劇裡播放起勾起疑心的音樂。還沒完，下一個是劉宰明，接著再一下個是李奎炯，然後再回到劉宰明……令人起疑的目標隨時在改變，劇中幾乎所有登場人物都輪流受到觀眾懷疑，就連相對戲份較少的人物也不例外。在這樣連續的轉意中，觀眾不斷被吸引，進而無法轉台。

除了二〇二〇年電影界因新冠疫情迎來黑暗時期，回顧二〇一八年和二〇一九年，值得推薦的推理驚悚片有李滄東導演的《燃燒烈愛》，與保羅・費格（Paul Feig）導演的《失蹤網紅》。如果只把藝術性電影《燃燒烈愛》歸類為推理驚悚片，實在太可惜了，所以我個人認為在二〇一八年到二〇一九年間，最厲害的推理驚悚片非《失蹤網紅》莫屬。

這部電影不斷地欺騙觀眾，三名登場人物像是在傳炸彈一樣，輪流被觀眾懷疑「他就是犯人沒錯」，但反覆令人起疑和消除懷疑並不是這部電影的全部。電影猶如漫步在時尚的現代美術館一般，感官上的場面調度不斷呈現在眼前，是一部「特異」作品，告訴大家原來驚悚片也能如此明亮、清爽、精練。觀眾因完美的尋凶過程感到不知所措並專注，還對導演幹練的場面調度感嘆不已。

順帶一提，同樣讓觀眾感到恐怖的驚悚片，大致可區分為推理驚悚和懸疑驚悚。不同於推理驚悚具有尋找凶手的結構，懸疑驚悚會事先給觀眾看到犯人，比方電影《追擊者》在開頭就向觀眾公開河正宇是犯人的事實。像這樣告訴大家犯人是誰，是為了引發「不穩定性」的效果，這個要素會放大特異、轉意、激變。這部分我們將在後面說明。

一句話翻轉觀眾想像

「不過話說回來。」

SBS有一個談話性新聞節目叫作《想知道真相》，這個節目的類型細究下來也是推理驚悚。就和其他推理驚悚片一樣，節目開頭會先有人死亡，或是誰遭受巨大的損失，那之後的敘事便是找出凶手是誰、為什麼要犯案。從節目的開始到最後，反覆進行有人被懷疑，然後懷疑被解除的過程。

該節目也和其他推理驚悚片相同，至少有兩個或是兩個以上的嫌疑人或團體，而且總是以主持人金相中的台詞「不過話說回來」作為起頭，開始新的懷疑。

「不過話說回來……」

說出這句台詞後，金相中揭露出令人意外的事實，也因此嫌疑人得以洗去罪名，接著意料之外的人物成為新的懷疑對象；或者當觀眾準備放棄嫌疑人的時候，又會出現新的證據，讓人有理由再次懷疑他。

「不過話說回來啊……」就如同其他推理懸疑片，《想知道真相》果然同樣是在製造想法的變化（轉意），引起不知所措和專注。

你愛看的運動透露你偏好的趣味模式

「各位喜歡哪一種球類運動呢？」

根據你偏好的轉意方式，喜歡的球類運動項目也可能會不一樣。

球類運動賽事會不斷使觀眾改變想法。在看到某個選手拿到球時，觀眾會產生「可以保住球的期待」或「球將被搶走的預期」。認為球可以被保住卻被搶走時，以及認為球會被搶走卻被保住的時候，便是想法的變化（轉意）發生的瞬間。

排球是用手把球打出去，足球則是用腳把球踢出去，因此跟籃球、棒球這種能把球掌握在手中的運動相比，排球和足球比較容易發生迅速的轉意，讓人難以捉摸。尤其是足球項目，我們很難預測踢出去的球會飛向哪裡。就連像梅西這種被評為歷史上最優秀的選手，也無法百分之百完美地控球，仍會發生失誤或被搶球。而排球比賽，由於出球速度非常快，如果不專心就很難確定球會以哪種方式被搶（接不到球）或是以哪種方式守住（接到球）。

籃球的步調雖然比足球和排球緩慢，但發生變化的方式卻更華麗。籃球選手可以用手抓著球持續很長一段時間，也可以把球抱在胸前很久。為了盡可能阻止這種行為發生，籃球甚至限制每次攻擊的時間只有二十四秒，以導出更快速的轉意，這點和足球不同。以足球來說，再優秀的選手都無法長時間拿到球不放，因此沒有那種規則。

棒球也和籃球一樣，是可以用手掌握住球的比賽，因此棒球賽事中不會發生快速的轉意。在棒球比賽，「球被搶」的時機發生在打擊手擊到球的時候；相反，「保住球」則可說是指投手將球傳達到捕手的時候。以棒球來比喻，投手把球丟給捕手這個行為就是一種傳球，因此在棒球比賽中，轉意只會發生在三個三振出現之前。

轉意也很看個人喜好。享受看足球的人，喜歡看到球從選手腳尖彈出去時，令人無法捉摸的轉意。就因為它無法捉摸，當球打破會被搶走的預想，最終進到球門時，喜悅就會被放得更大。而喜歡觀看排球的人，愛好瞬間發生的快速轉意。至於籃球比賽，雖然轉意的發生率和速度都較排球慢，但轉意發生的方式非常華麗，比方搶到球的選手用勢如破竹之勢穿過整個球場，最後來了一個灌籃，或是擋下誰的灌籃。而如果是喜歡轉意較單純且緩慢的觀眾，應該會更喜歡棒球比賽。

有人會問「轉意是否一定會促使觀者不知所措並專注」，我的答案是肯定的沒錯，不過這和觀者是否有意願專注在任何思維的變化上，是兩個問題。就好像有些人做出「求關注的行為」，明明一定會使觀者感到不知所措並專注，但有些人就是不想將精神浪費在那種行為上。因此每個人喜歡的運動賽事可能不同；對於選手手中的球是會被保住還是被搶走一點關心（想法）都沒有的人，也可能是對球類運動項目本身就毫無興趣。

讓我們回想一下足球場的風光。觀眾站著、投入在比賽中，因為從腳尖彈出去的球變化之大，令人摸不著頭緒，要想確定變化就需要投入大量精力。反之，棒球賽場又是如何呢？你會看到觀眾們邊吃東西邊聊天的樣子；韓國棒球場上甚至還會出現觀眾烤肉，或是拌著拌飯吃的風景。這是由於棒球比賽的轉意發生得相對較慢，且有固定發生的時機，才可能這麼做。

就我而言，我雖然不是那麼喜歡體育賽事，但一定要選的話，我比較喜歡棒球。因為足球、排球或籃球的轉意發生速度太快，讓我無法進行其他思考，所以還是棒球比賽這樣，既能做其他思考，還能和旁人聊天比較輕鬆一些。

轉意發生相對較慢的棒球，其觀眾的年齡層也會較足球或排球高，這是由於年紀越大，無法捉摸的轉意可能會使精神感到疲勞；反之，喜歡足球的人當中，以精神和體力較旺盛的年輕族群居多。這和我們去電影院時，青少年比較喜歡看動作片，而中壯年族群選擇看平靜的電影是一樣的意思，每個人想接受的轉意型態因人而異。

截至二〇一七年，韓國的棒球觀眾約有八百四十萬名，壓倒性完勝足球（約一百四十萬名）、籃球（約一百萬名）和排球（五十五萬名）。有人說這是由於棒球是一個變化緩慢的體育賽事，能夠同時包容年輕和老年族群，不過全世界最受歡迎的體育賽事是足球，這樣的解釋並不太正確。我認為是因為過去韓國用「3S 政策」[36]（憑藉電影〔Screen〕、體育〔Sport〕、性文化〔Sex〕所執行的愚民政策）積極鼓勵棒球，使我們對棒球感到熟悉，再加上韓國人民相對喜歡從容的轉意的緣故。

韓國人偏好從容的轉意這點，與美國相似。在美國，最受歡迎的運動是美式足球（美國職業美式足球聯盟，NFL），接著依序是棒球、籃球和冰上曲棍球。美式足球就像籃球或棒球一樣，可以自由自在地使用雙手，將球長時間抱著。另外它和棒球一樣有進攻方與防守方；如同棒球比賽每一局可以有三次的三振出局，美式足球的進攻隊伍也有四次的進攻機會。美式足球的規則是必須在四次進攻機會中推進十碼（約九．一四公尺），進攻方在推進十碼時可以再次獲得進攻權。美式足球的轉意雖然發生得比棒球還快，但和籃球、足

36 譯註：全斗煥政府時期，為了弱化民眾對政治的注意力，而發展電影產業、體育、性文化的政策。

球或排球相比還是比較慢。

不過，為什麼全世界最受歡迎的體育賽事是足球呢？足球之所以會受歡迎有兩個原因。第一，前面說明過，發生的轉意最令人捉摸不定；換言之，足球是不穩定性最高的一項運動，而不穩定性會擴增特異、轉意、激變的效果。第二，足球是最簡單的運動，即使不說明規則，不論男女老少，任何人第一次看到足球都能理解。換句話說，在足球賽中享受轉意的門檻比任何其他運動要低。這就像韓國綜藝節目百百種，唯獨《Running Man》能夠跨越國境，受到全球歡迎一樣，因為要邊跑邊把背上的名牌貼紙撕下來的這個動作，不需另外解釋就能理解。

為什麼我們愛看留言？反應的重要性

應該沒有人在網路上看完新聞或影片，會略過留言不看吧？從趣味的角度來看，人們為了從內容中獲得額外的樂趣，必然會確認留言。留言是眾人對內容的一種反應，這個反應將內容的意義重新詮釋，而這一詮釋通常會引人發笑。轉意不只引發不知所措和專注，還製造出歡笑，因此留言也算是一種有趣的內容。

由於現在是影像的時代，對於影片內容的反應甚至朝影像進化，不再侷限於留言。現在要是韓足一哥孫興慜進了球，人們不再只看進球的畫面，還會進去人氣 YouTuber「Gamst」的頻道，觀看「Gamst 看孫興慜進球的反應」這樣的影片。在反應影片中，Gamst 對於孫興慜踢進球異常興奮（特異），並且會不斷說出各種相關資訊以及不著邊際的話（轉意）。另外，只要天團防彈少年團的音樂錄影帶公開，人們也不會只看音樂錄影帶，還會想看看外國人一邊觀賞、一邊高興地跳著舞的反應。像這樣的內容，也可以稱作是「影片留言」。

積極使用反應（轉意）大獲成功的文化內容始祖，正是不朽的日本籃球漫畫《灌籃高手》。觀眾對登場人物的一舉一動有什麼反應，《灌籃高手》做了大量且非常戲劇性的描寫。比方主角櫻木花道只是抓到了球，觀眾卻吵吵鬧鬧地說：「哇！櫻木花道竟然拿到球了！」除此之外，日本漫畫家也多擅長利用「欸～～！」這種反應。

歌唱比賽節目也是如此。無論從二〇一〇年初開始颳起旋風，到現在流行稍退，反應都舉足輕重。《我是歌手》、《Super Star K》、《K-pop Star》、《Produce 101》、《Show Me The Money》、《蒙面歌王》、《Miss Trot》、《Mr. Trot》等眾多曇花一現的歌唱比賽節目，我們不妨想想節目的導演和剪接方式。只要歌手開始唱歌，接著一定會帶到評審和觀眾的反應。這些節目在歌曲中間穿插各種反應，甚至多到讓人覺得誇張。為了讓觀眾看到別人的反應，多次重複播放歌曲已是常態；還經常出現中斷歌手唱歌後，安排插入「哇，起雞皮疙瘩了」這類的台詞；甚至還有一些節目會巧妙將虛假的反應剪輯進去，引起爭議。

製作人很清楚，儘管這樣的編導和剪輯會破壞歌曲，還是能提高觀眾的不知所措感和專注力，最終誘發趣味性，因為那些反應就是轉意。

各位應該有透過音源，或是在無剪輯版本的影像裡聽過歌唱比賽節目的歌曲。比起有他人反應的版本，應該更能明顯感受到興致下降。這是因為沒有轉意，不知所措感和專注度就會更低。

另外，雖然在後面講到「特異、轉意、激變的黃金比例」時會解釋，但觀眾或評審感動的模樣，會讓該歌曲聽起來比實際上還要好聽。這就像在搞笑節目中，如果在諧星做出動作後加上笑聲，就會感覺比實際上更好笑是一樣的道理。

你發現了多少趣味——審美的源頭

藝術工作者尹光浚的書《審美眼光課》（심미안 수업），裡面介紹自己是「dilettante」（語源出自義大利語的『享受』，dilettare，指藝術愛好者），並說明什麼是「享受藝術的眼光」。而「享受」的前提是「某種事物很有趣」，因此這本書企畫的目的應該就是「從藝術中探尋樂趣的方法」。

作者說明如何在有歷史的物件中尋找樂趣，像是掛在美術館裡的圖畫、韓屋或日本庭園、古典音樂、建築等。但他所說的審美，超越了只是「看」藝術的觀念。他表示，欣賞超越藝術表面上意義的價值，就叫作審美。例如尹光浚認為，有別於大自然，美術、建築、音樂當中已經融入了人類賦予的價值，因此比起大自然之美，透過人類之手創造出的成果更美麗。

我在採訪尹光浚的時候，他說自己正在寫一本關於文化心理學者金珽運和德國包浩斯藝術運動的書；還有他正迷上作曲家馬勒的《千人交響曲》（Symphony no. 8）。尹光浚表示，如果在不知道這首曲子的狀態下聆聽，會覺得音樂像是噪音，但馬勒寫這首交響曲的動機在於他妻子阿爾瑪．馬勒發生了外遇（對象是創立包浩斯學校的建築家華特．格羅佩斯）。如果知道這首曲子是他為了挽回妻子的心而作，在聽的時候就會有不同的感觸。他還說，這使他想起了自己的妻子。

尹光浚所說的審美，就是享受藝術的方法，是讓欣賞者自己改變對作品的想法（轉意）。學習藝術的另一面，並將其應用到自身生活的過程中，藝術會發生兩次意義的變化，而欣賞者會對這兩次轉意感到慌張且專注。尹光浚將此稱為：「如果說自然之美是單方面接受，那麼藝術之美則是有自身介入的積極反應。」並且他解釋：「審美的眼光是培養出來的能力，而不是與生俱來的才能。」這和歷史學家俞弘濬在《我的文化遺產踏查記》（나의 문화유산 답사기）中所說的「懂得越多，看得越細」，一脈相通。

如果你不喜歡歷史悠久的藝術，那麼只要想想《復仇者聯盟：終局之戰》就容易許多。這部電影在二〇一九年四月上映，十幾天內就突破一千萬觀影人次，可說是漫威「復仇者聯盟」系列的最後一集。對此前的漫威電影了解越多，就能從這部電影中感受到更多趣味，因為這部電影中有不少場面都是在向之前的系列電影致敬。例如在電影後半段，鋼鐵人（東尼．史塔克）的女兒想吃起司漢堡，這不僅跟先前的系列產生關聯，還跟飾演東尼・史塔克的演員小勞勃・道尼的人生有關。在現實中戰勝毒癮的他曾在一個節目上說：「我會戒毒是因為我吃不出起司漢堡的味道。」知道這件事情與否，大大左右了可以從電影得到的樂趣，所以在電影上映後，YouTube 上才會上傳了無數個解說這種致敬場面的影片。

我們可以在許多內容裡，透過努力尋找超越表面意義的新意義，來獲得額外的樂趣。但最近流行的抖音短影片在十幾歲青少年之間大受歡迎，其程度甚至可以和臉書或 Instagram 競爭。這些影片通常毫無脈絡可循、非常短暫又具刺激性，雖然有趣，觀眾卻很難從中找出超越表面意義的另一層意義。

這絕對不令人樂見，因為如果只喜歡這種影片，觀眾就會漸漸不再試著深入思考。雖然這可能只是杞人憂天，但我不禁擔心，當人們只會觀看毫無脈絡、短暫又刺激的影片，在那樣的世界，人的思考能力或資訊的聯想能力就會明顯低於過去，未來能夠過自主生活的人應該也不多了吧。

為什麼一定要在美術館觀賞藝術？

重新回到《審美眼光課》。尹光浚特別強調觀賞藝術，一定得在美術館裡才行。「去美術館的話，在觀賞時就會保持一段距離。」他解釋：「最重要的是『專注』帶來的效果很大。在美術館，人們會凝聚能量，以感受展品。」

我們和某種對象之間，如果拉開一段距離，就會產生「專注」，這是因為那個距離很特異的關係。杜象的〈噴泉〉雖然只是個小便斗，但在之後舉辦的回顧展裡，小便斗成了觀賞的對象；馬桶被放在美術館之後，觀眾和馬桶之間便產生了不同與以往的距離，注意力便會集中在那個馬桶上。

日常生活中，我們並不會像那樣跟馬桶保持距離。不妨回想一下進到廁所的情景，想上廁所的時候，我們通常會打開廁所門直接進去，接著稍微看一下馬桶上有沒有沾到什麼東西後就馬上坐下來。除非醉得不省人事、準備大吐特吐，不然是不會仔細端詳的。

然而在美術館，我們會專注在馬桶上，觀眾很可能會從馬桶找出意外的新一層意義，這麼一來，在美術館感受到樂趣的可能性也會越大。因為透過特異，轉意產生了，所以我們才非去美術館不可。

● 激變

狀況突然發生巨變

讓我們想像一下窗外的情景。

有名身穿白色洋裝的女子邊走邊講電話，可能通話內容太有趣了，她笑了一陣，輕快地走著。

「別看別人了，繼續做正在做的事吧。」正當我這麼想——

哦？喔！呃，唉……

女子突然腳一拐，跌了下去。原來她穿的高跟鞋被人行道的縫隙給絆倒，鞋跟斷了。哦？她的膝蓋在流血，得趕快包紮才行。這時眼淚滾落她的臉頰。

咦？哦！喔！不行啊！

哎呀……真想過去安慰她啊。

車子正好壓到水坑，濺了她一身泥水。

影片中，激變指的就像這樣，登場人物的處境突然發生巨變。

就像我們會因為窗外女子發生的驟變感到不知所措且專注一樣，只要影片中主角所處的狀況突然發生巨大的改變，觀眾就會感到無所適從並且集中注意力。

接下來的篇幅，我將針對影片中引發觀眾專注並不知所措的第三個要素，「激變」進行說明。

同一時間繼續收看的力量——《天空之城》

那些受歡迎的電視劇，有什麼共同之處嗎？每部成功的電視劇，其各自的故事或故事發展方式（情節）本身就很特異，因此要找出共同點不是那麼簡單。不過，即使成功的電視劇各不相同，它們還是有一個共同點，那就是在每一集的結尾，都有引誘觀眾繼續收看下去的強烈「激變」。

相較於其他任何類型的影片，電視劇這個類型重要的是，必須設下吸引觀眾觀看下一集的裝置。因為比起每一集都不連貫的其他影片，從中間流入觀看電視劇的觀眾更少；而電視劇如果不看前一集，只看下一集的話，趣味就會減半。這樣一來，從第一集開始收看的觀眾，就是能把劇看到最後的主要觀眾，因此電視劇製作人必須在每集結尾製造出強烈的激變，使觀眾想要看下一集。因為唯有讓觀眾的慌張和專注在一集結束後也能持續，才能引導他們收看下一集。

使《天空之城》創下高收視率的功臣之一，便在於劇中人物的處境在每集尾聲都會發生激變。

《天空之城》即使在前半段劇情趨向平淡，但在剩下最後幾分鐘時，一定會出現讓人好奇下一集的激變，而那個激變的大小，比起一般劇集安排在結尾的激變要大了許多。另外，多數觀眾很難從先前或當下集數中所獲得的常識，去理解那個激變。如果說觀眾對普通電視劇的結尾理解度，大概有百分之五十的話，那麼《天空之城》觀眾對於結尾事件的理解度則為百分之零。

比如在第一集，前半段都是家人之間和平的生活，多少有些無聊，但在最後的三十幾秒鐘，一位母親在冰冷的雪地上用獵槍自殺。這位母親將兒子送進了首爾大學醫學系，讓所有人都很羨慕，而她看起來也非常幸福，因此她的自殺讓觀眾更為衝擊。對於這種激變，觀眾絕對無法理解。

第二集則專心在解開第一集中母親的自殺理由。這集的最後一幕果然也令人相當震驚：一位家長突然找上升學率百分百的升學指導員，打了她一巴掌，而那位升學指導員是該名家長在第二集中始終堅信並依賴的指導老師。然而第二集自始至終都沒有出現該名家長要打老師巴掌的理由。第三集最後一幕也令人震驚，在這裡揭露了一件衝擊人心的過去：看起來就像貴婦出身的一位母親，其實出生底層，而這個事實，只憑第一、二、三集的內容是無法推斷的。第四集結尾也非常突然，該集最後，有一陣子沒有出現在劇情裡，觀眾都快遺忘的那位在第一集自殺的母親的兒子突然出現，以一副要殺害升學指導員的氣勢走來，結束這一集。

這部劇最令人震驚的地方是第十四集的最後一場戲。這場戲中，以寄宿家教的身分住進有錢人家的高中生，在派對時從陽台上墜落。這一幕比電視劇任何一個場面都要引發熱議，任何一個觀眾都很難預想到，原先被認為是電視劇主角之一的高中生，會在還剩下六集的時候就喪命了。至少觀眾透過之前的集數所得到的常識，是無法理解的。當時這一集播出後，觀眾在網路論壇和社群網站上傳了大量文章，大家都在推測將那個孩子推下去的真凶是誰。

《天空之城》經常用這種方式在每集結尾，演出觀眾無法理解的激變。每集劇越到後半段，觀眾自然會失去注意力，而該劇則透過在結尾製造激變，使觀眾感到不知所措，並再次專注在劇上。而由於電視劇在帶來令人無法理解的巨大衝擊後就戛然而止，觀眾便會將多餘的注意力拿來推測並期待下一集故事的發展。這也是為什麼在當年，許多人會翹首盼望火熱的週五與週六夜晚，就為了看《天空之城》。

《天空之城》是韓國至今播映的電視劇中，在社會上造成最多討論的電視劇。即使之前經常有過以開玩笑或不現實的方式講述大學升學考試的電視劇，卻從來沒有一部電視劇這麼真實地呈現大學升學考試的面貌。比方說，在此之前類似的電視劇，會把升學考試中最重要的因素描繪成是努力或智力等個人因素，而不是父母的人脈或財力等環境因素。窮山溝裡出狀元的案例已不復存在，在今天，這種情況是不現實的。

該劇亦批判貧富差距下教育機會的不平等，以及學生簿綜合遴選制度[37]的盲點等。存在諸多問題的升學考試制度，因而得到觀眾的共鳴，並延續討論熱度；政界、學界和媒體界亦紛紛提及《天空之城》，批判了韓國的現實。

只要某個影片內容觸及觀眾的價值觀，該影片的特異、轉意、激變所引發的不知所措感和專注就會被放大，因為這時，影片和觀眾之間正被一條看不見的繩子連結在一起。

37 譯註：為韓國大學入學途徑之一，主要根據學生的在校表現、自我介紹、面試結果決定是否錄取申請大學。評價標準包含學生的成績、品行、志工服務、證照、英文檢定成績等等，類似台灣的推甄制度，但由於高中內評量學生的方式沒有一定標準，由各學校負責教師決定，因此也有人批評該制度的公正性。

在Netflix追劇的理由

會在結尾安排激變的電視劇不是只有《天空之城》，這樣的收尾方式是人氣電視劇的共同點，至今所有叫好又叫座的電視劇中，一百部裡有九十九部都在結尾安排了不亞於《天空之城》的激變。不過，並非所有電視劇製造激變的方式都和《天空之城》一樣，而是依照劇集而稍有不同。

讓Netflix能有今日這個地位的殺手級影片《紙牌屋》，在每一集結尾都安排了「反社會人格性的轉折」，將前半段到後半段的劇情走向全盤推翻。該劇描述有反社會人格的政治人物登上權力頂點的過程，並且會在每集中段之後特別安排一個可能讓主角的政治生涯結束的致命性危機，使主角做出更壞的決定。但那些看似不可能戰勝的危機，在主角極度卑劣的手段下（小至背叛，大至殺人），在結尾時被完全推翻；原本將矛頭指向主角的所有危機，便失去平衡，像骨牌一樣倒塌了。這樣的激變使觀眾的不知所措感與注意力達到高潮，並在這種狀態下面對劇情的片尾字幕，然後那份不知所措與專注轉成餘韻，使觀眾有動力繼續收看下一集。要說「binge-watch[38]」（追劇）這個單字是因這部劇而出現的也不為過。

播出後大獲成功，甚至還製作了衍生系列的《絕命毒師》，其結尾的激變則用不同的表現手法帶來衝擊。在該劇的每一集前半段總是很順利的主角，在劇尾便會面臨很大的危機。例如高中教師出身的毒販華特，在每集前半段都會製毒販售，大賺一筆；他欺騙家人、甩掉警察和黑幫的追逐，最後一路扶搖直上成為毒梟。但該劇在結尾的幾分鐘內，一定會因有人犯下無法挽回的致命失誤、因他的不治之症，或是因家人或菜鳥夥伴而面臨巨大難關。這齣劇用這種結尾激變的方式營造一種危機感，讓觀眾認為在下一集，華特毒販的身分必會被揭穿，或是被捕、死亡。

《夢魘殺魔》在結尾激變的處理，則混和了《紙牌屋》和《絕命毒師》的手法。只挑選殺人魔殺害的連環殺手戴克斯特，每集都會制定殺人計畫。他面臨隨時可能被揭穿身分的危機，特別是他在每一集的中間會遭遇最大的危險，走向更糟的結局。觀眾每次在影片中間的時候，都會認為這次戴克斯特的真實身分就要被揭穿了，然而到了結尾，戴克斯特成功在沒有被任何人發現的狀態下殺害殺人魔，並將屍體丟進海裡。當屍體掉落到海裡的那一瞬間，所有危機也都跟著消失。而就在觀眾認為這是《紙牌屋》模式的激變之際，會發現這還沒完。在結尾的最後，《夢魘殺魔》和《絕命毒師》一樣，給觀眾看到新危機即將出現的預兆，營造出一種危機感，讓觀眾認為在下一集中，德克斯特的真實身分一定會被揭穿。像《夢魘殺魔》這樣在結尾出現兩次激變，能將觀眾的不知所措感和專注力最大化，並帶動下一集的收看。

《絕命毒師》和《夢魘殺魔》的結尾之所以會令人倍感震驚，理由在於它們使用了特異、轉意、激變增強劑之一的「不穩定性」。當觀眾對未知的趣味有強烈的期待感，隨後在特異、轉意、激變出現時，觀眾就會更加慌張並且專注。不妨回想一下過去在學生時代排隊打針，然後再想像一下自己正在睡覺的時候，手臂上突然被插了針筒的感覺；手臂上被插了針筒的這種激變，會在排著長長的隊伍時更加驚心動魄。也就是說，當人們有了即將產生激變的期待感，激變帶來的衝擊就會更大。《絕命毒師》和《夢魘殺魔》擅長在進入尾聲之前醞釀出像這樣的不穩定性。在《絕命毒師》中，不穩定性出自被設定患有絕症的主角華特，以及他那個精神狀態不穩定的夥伴；《夢魘殺魔》裡，則是富有正義感又執著、懷疑主角真實身分的主角妹妹，以及知道主角身實身分的殺人魔，造成了這種不穩定性。

38 該用語由代表暴飲暴食的英文單字「Binge」和表示觀看的「Watch」結合而成，指在短期內集中觀看電視節目等影片的行為。

蜘蛛人人氣下滑的原因

在韓國，鋼鐵人是最受歡迎的漫威角色，但事實上鋼鐵人是在二〇〇八年由小勞勃・道尼主演的第一部鋼鐵人電影出現後，才開始逐漸受到歡迎。比鋼鐵人更早開始就受到觀眾喜愛，且被製作成多部電影和動畫角色的，其實是蜘蛛人。

蜘蛛人是漫威英雄當中激變幅度最大的一個角色。漫威的其他主角在平時和作為英雄時的生活幾乎沒什麼區別。舉例來說，美國隊長和鷹眼在沒有和敵人戰鬥的時候，前者總是非常帥氣地打著沙袋，後者則是會教孩子們射箭的帥氣父親。如同東尼・史塔克公開坦白：「I am Iron Man.」（我就是鋼鐵人。）他們就是英雄的代名詞，生活裡並無驚人的轉折。

不過，蜘蛛人必須隱藏自己是英雄的事實，過著平凡乏味的生活，只有當犯罪發生時才變身為英雄。他在戴上面具之後變得囉嗦又很酷，而觀眾會因這種驟變感到不知所措並專注。

在二〇〇二年、二〇〇四年和二〇〇七年上映的蜘蛛人系列中，飾演蜘蛛人的陶比・麥奎爾，是把蜘蛛人這種獨特的激變詮釋得最好的演員。作為歷代最窩囊的蜘蛛人，他在展現很酷的一面和無能的一面時差距最大，因此比起其他蜘蛛人，觀眾會更專注於麥奎爾飾演的角色。直到現在還是有很多人懷念他飾演的蜘蛛人。

可惜的是，在他之後登場的蜘蛛人，那副懦弱的模樣逐漸消失，也因此激變的幅度縮小了。例如歷代長得最帥也最酷的蜘蛛人是由安德魯·加菲爾德飾演，他主演的「蜘蛛人：驚奇再起》系列在票房成績受挫後，連帶被取消了第三集的製作。在此之後，蜘蛛人在二〇一六年被併入漫威宇宙，於《美國隊長3：英雄內戰》和《蜘蛛人：離家日》華麗登場。這裡湯姆·霍蘭德飾演的蜘蛛人即使形象淘氣，也很難看出他演活了麥奎爾那窩囊的蜘蛛人，因為比起麥奎爾，霍蘭德的蜘蛛人在各方面都變酷了。雖然蜘蛛人的角色設定是個沒出息的邊緣人，但劇中卻很少出現霍蘭德過得很窩囊的樣子；而且在其他角色中，也很難看到長得比他帥的人，反而是排擠霍蘭德的其他人物顯得比較無能，甚至就連他的阿姨也長得很辣，還受到鋼鐵人認可。

蜘蛛人要是不能比現在更窩囊，他的人氣就無法超越鋼鐵人。現在角色設定的激變幅度很小，和其他英雄也沒有差別。霍蘭德主演的《蜘蛛人：離家日》之所以能夠賣座，創下八百萬名觀眾觀看的紀錄，與其說是因為角色，不如說是因為漫威製造了特點，像是將最高科技的服裝給了我們熟悉的蜘蛛人，並且讓故事跟《復仇者聯盟》產生關聯等，除此之外別無其他。

《海賊王》的成功祕訣，不只是「義氣」

《海賊王》是一本連載二十多年、全世界最暢銷的漫畫作品，但它的人氣卻越發不如從前。《海賊王》越來越無趣的原因，和前面說到的《無限挑戰》變得無趣的理由相似。

簡單介紹一下《海賊王》，這部漫畫的主角是一位叫魯夫的少年。漫畫講述吃了「橡膠果實」這個惡魔果實的少年魯夫，為了成為海賊王而出海，在航海中發生一連串的故事。因為誤食橡膠果實的關係，魯夫的身體可以像橡膠一樣伸展，擁有滑稽的超能力，以及只要進到海裡就會全身無力的副作用。對於必須在海上打架的海賊來說，他各方面的條件都不太有利，但魯夫仍然夢想當海賊王。他和夥伴們一起衝破各種試煉和逆境，朝著夢想前進。然後就和一般講述成長的影片一樣，原本弱小的魯夫越來越強，並將自己的劣勢打造成優點。

仔細分析《海賊王》成功的原因，首先就如《無限挑戰》的成員在平均以下一樣，主角魯夫這個角色設定本身也是在「平均水準以下」。《海賊王》作者尾田榮一郎曾坦白說，他是故意讓魯夫吃下會使身體變弱且變滑稽的果實；儘管還有很多果實可以賦予角色很厲害的能力，他還是選擇這麼做。

事實上，賦予英雄漫畫（英雄電影）「平均水準以下」能力，這種設定並不常見，畢竟不是搞笑漫畫的主角需要表現滑稽。比如，光看《七龍珠》或《灌籃高手》這些英雄漫畫的主角就能知道，雖然他們的智商也許和魯夫一樣低，但能力卻很出色，是屬於「平均水準以上」。《七龍珠》的主角孫悟空，從小戰鬥力就無人能企及；《灌籃高手》的主角櫻木花道也是，他擁有運動員必備的身材和體能，條件相當優秀，幾乎到了無可匹敵的程度。相反的，魯夫的能力看起來毫無用處。實際上一開始他的能力也不是那麼強，身體可以像橡膠一樣伸展的能力感覺也不怎麼厲害，與其說是優點，不如說是缺點；再加上他還是隻「旱鴨子」，這對海盜來說，是非常致命的要害。

不過，像這樣英雄漫畫中罕見的「平均水準以下」的角色設定，不僅擾亂了英雄漫畫類型的設計，隨著劇情發展，還開始發揮了這個人物設定真正的價值。因為能力在平均以下的主角，從原先孤軍奮鬥到最終戰勝逆境，這樣的激變幅度比其他英雄漫畫要大的許多，就像《無限挑戰》初期成員罕見地挑戰成功一樣。橡膠果實的能力原本感覺只會妨礙生存，戰鬥中卻帶來意外的結果；而主角滑稽的言行和低智商，反而吸引實力堅強的夥伴聚集，幫助海賊團壯大勢力，讓原本鬆散的一切步上正軌。當缺點變成優點，讀者會因為那個激變感到不知所措、專注，並感受到情緒宣洩。比方，當只有一隻腳的英雄在戰鬥中獲勝，讀者不知所措與專注的程度，一定會比好手好腳的英雄來得高，這是因為激變幅度不同的關係。

至於對該作品的批評，則從魯夫在「頂上戰爭」[39]失去了自己的哥哥艾斯之後開始。《海賊王》在魯夫於這場戰役戰敗後，休載了很長一段時間，而連載再次開始之後，作家講述了魯夫和夥伴們「兩年後」的故事。休載前後的故事氛圍完全不同，因為包含魯夫在內，海賊團成員們在兩年來各自投入了訓練，實力增強，不可同日而語了。就像《無限挑戰》的成員由平均水準以下發展到平均水準以上一樣。

重新連載後的魯夫和夥伴們，可以輕易打敗過去甚至連交手機會都沒有的可怕敵人，而捉拿魯夫的懸賞金，也在幾個月間從三億一下子躍升到十億，使魯夫馬上成為海上的第五位皇帝，被冠上「五皇」之名，其成長令人刮目相看。然而這個成長顯然成了毒藥，在各方面都變得完美且厲害的魯夫，無法像之前的劇情那般帶來巨大的變化。

《海賊王》的趣味起於能力在平均水準以下的主角，用滑稽且一點也不強大的能力，擊倒似乎無法戰勝的敵人。這種激變和打破類型的獨特之處，關鍵都在於魯夫被設定成平均水準以下。但是自從魯夫晉升到平均水準以上後，激變的幅度變小，而被打破的英雄漫畫類型也復原了，這就是為什麼《海賊王》會失去趣味。

如何將「情節」玩出趣味

如果說隱喻是詩人的工具，那麼說故事者的工具就是情節。除了小說和電影，在製作綜藝節目或廣告，以及網路上流傳的極短片，創作者都要講究情節。

如果「故事」是指將事件按時間依序列舉下來，那麼「情節」就是指在那個故事中，將事件排列、組合的方式，或指展開事件的特定模式。只要試想一條項鍊就可以簡單了解。由各色珠子串成的項鍊，如果每顆珠子都是一個事件，那條項鍊就是故事；而如果將項鍊上的珠子拿下來，丟掉很多部分後重新串成一條獨特的項鍊，那就是情節。

重新編寫的事件如果能讓觀眾看得目不轉睛，那就是好的情節。為此，創作者應該強調每個事件之間發生的變化；也因為這樣，情節最終要強調的是「登場人物身處狀況的變化」。一個好的、變化程度高的情節，甚至可以看作激變，因此能引起觀眾慌張並專注。

39 譯註：亦譯作頂點戰爭，也叫馬林福特篇。這場戰役是漫畫中描述的大海賊時代以來，規模最大也最重要的一場戰役。

我之所以會用「可以看作激變」這個多少有些力道不足的文字表達，原因在於有些情節，無論把變化寫得再劇烈，要是接受的人覺得很老套，就不會認為那是激變。在製造特異、轉意、激變時，我們應該經常考慮到這點。比方說，無論再怎麼跳脫「普通」的看頭，如果對觀者來說稀鬆平常，就不再特別了。因此好情節能製造出的激變，只會在眾人還不覺得那是俗套時成立。

我們來看看過去那些使用太多次的老套情節，也就是傳統情節。由於這類情節可以製造激變的事實，已歷經長時間驗證，因此被大量使用。下面讓我們來看幾個傳統情節製造出的激變。

比如在「冒險情節」中，主角踏上意外的旅程，在經歷過重重困難後，最終身心靈都得到了變化，隨後返家。這裡的意外旅程和困難，以及心靈的變化，就是激變。拿《哈比人》來說，矮人們和魔法師突然來到主角比爾博．巴金斯的家，向巴金斯提議去收復被黃金巨龍史矛革占據的孤山矮人王國。主角原本平靜又無趣的生活，隨著他冒險踏上旅程而有戲劇性的變化，這是第一次激變。而原先舒服在家喝茶的巴金斯，和咕嚕展開十分危險的猜謎遊戲對決，最後偷走了至尊魔戒；就連他使用魔戒、進到史矛革的城裡等極端困難的場面，也都是冒險情節中的「激變」。到了最後階段，巴金斯甚至還參與了「五軍之戰」；而戰爭結束後，身心靈都脫胎換骨的巴金斯返家頤養天年，這次第三次激變。

又比如電影《白日夢冒險王》和《醉後大丈夫》等的「探索情節」（找出看不見的事物或現象，或為了揭露某事物而尋覓）中，主角會喪失非常珍貴的某種東西，然後一步步地「探尋」那個東西，這便是故事的核心。

假設你有一位家人消失了，這件事將快速改變你所處的情況；當能夠找出失蹤家人的線索一個個被發現，也算是發生激烈的變化。例如電影「醉後大丈夫」系列中，幾個朋友在旅行中弄丟了一位朋友，電影便在這種荒唐的設定下，一步步克服難關，大大改變主角們所處的情況。

這次讓我們看看電影《刺激一九九五》和童話《糖果屋》都有的「被捕獲然後逃脫」的情節。現在各位應該有些頭緒了，登場人物被某個對象捕獲，接著為了擺脫那個對象而受苦；而在被捕獲然後逃脫的過程中，登場人物所處的狀況會持續發生激烈的改變。

除此之外，還有像電影《搶救雷恩大兵》的「救援情節」一樣，不顧反對和逆境都要去解救受困者；法蘭茲．卡夫卡的小說《變形記》中，主角變成一隻蟑螂的「變形情節」，主角的外在完全變了一個樣，最後連內心都改變了；面對始終無法理解的事件、一步步靠近真相的「懸疑情節」；像「神鬼認證」系列和《記憶拼圖》這種「尋找本質情節」，主角去尋找因事故失去的本質；像電影《鐵達尼號》或小說《羅密歐與茱麗葉》的「禁忌之戀情節」一樣，主角陷入一段不被允許，但最終一定要成就的愛情……等等。而例如電影《愛是您・愛是我》，則是接連展現四對戀人分別突然陷入愛情而開始曖昧，並且各自成就原以為無法實現的愛情。

傳統情節與前面說明過的「類型」相似，把激變型態類似的故事分類之後，就會出現這樣的情節分類。然而，傳統情節也被視為老套，因為我們從小就接觸太多這樣的情節，雖然一開始會把這些情節視為激變，但隨著時間推移，就會上升到一個境界，能夠大概猜出哪些故事會以什麼樣的情節發展下去。也就是說，我們能夠預想：「哦，接下來一定會變成這樣。」這也是為什麼目標觀眾是兒童的影片，情節上就會越簡單；而以成人為主的影片，情節上就會越複雜，會把各式情節混和在一起，或是使情節出現轉折等。要是以成人為對象的影片只用了傳統情節，那麼觀眾就會注意力不集中而走出電影院或是轉台，因為傳統情節對他們來說，再也不是激變了。

因此，為了讓觀眾更為不知所措和專注，就不能單純只使用傳統情節。無論是在角色、題材、背景設定上賦予特點，或巧妙混和兩個以上的情節，抑或是把情節的激變幅度做得更大，都應該加上特異、轉意、激變。比如《梨泰院 Class》就是一部非常俗套的復仇劇，觀眾很容易預測下一幕即將發生什麼事，大多時候也都不出所料。劇情很俗套，電視劇卻很成功，在二〇二〇年上半年創下百分之十六點一的收視率。這是因為朴世路等眾角色皆充滿個性，他們獨特的魅力使該劇不落俗套。多虧角色跳脫「一般」的設定，《梨泰院Class》才得以成功。而在二〇二〇年創下最高收視率百分之二十八點四的電視劇《夫妻的世界》，因為將傳統「報復情節」的激變最大化，而得以成功。特別是電視劇開頭，女主角金喜愛在得知丈夫出軌與朋友的背叛後，原本一切都很完美的生活跌落谷底。這個激變比此前任何一部描述婚姻出軌的電視劇都還要大，就好似乘坐雲霄飛車，令人感到不知所措。

美劇《無照律師》為何能延續十年高人氣？

有部電視劇因情節上的激變特別大而取得成功，那就是美國長壽電視劇《無照律師》。

這部電視劇的核心情節和《羅密歐與茱麗葉》相同，就是「禁忌之戀」。有著天才記憶力的麥克．羅斯和紐約最厲害的律師哈維．史派特，兩個主角各自都在談一段不被允許的愛情。羅斯非常喜愛律師這份工作，但他因為被退學等原因，無法成為律師，因此便用非法方式當上律師，欺騙他人以守住自己的工作。而另一位主角史派特則是欣賞羅斯的人品和他優秀的能力，幫他隱瞞他的詐欺行為，並賭上自己的律師地位守護羅斯。

該劇在十年來播映了九季，九季的故事都是以這樣的「禁忌之戀」為中心展開，而且因為這個禁忌之戀所發生的激變非常強烈，甚至改變了電視劇的類型。

最令人咋舌的激變，便是原本感覺只會以律師身分工作的羅斯，因為害怕自己的祕密會給公司同事和女友帶來傷害，便轉行到金融業。原是法律劇集的《無照律師》，很誇張地突然畫風一變成了金融劇集，也就是主角身處的情況甚至改變了電視劇的類型。僅在一季的劇情發展中，羅斯就從法律界轉戰到了金融界。

而這樣的激變又造成了其他激變。在大型投資公司裡工作的羅斯，躍升到了一個能夠對前上司史派特傲慢無禮的地位。而實際上，羅斯就像過去史派特對自己大吼大叫那樣，對史派特出言不遜，就好像你原本曾以倨傲態度對待的後輩，某天卻成了你的前輩，有資格對你大吼。在改變了類型之後，人物之間的階級關係也發生了逆轉。

而圍繞在羅斯身旁的配角們，處境也以「禁忌之戀」為主軸產生巨大的變化。剛開始一段時間，羅斯的戀人和上司們並不能接受羅斯的謊言，但隨著時間過去，他們成了共犯，與羅斯共享祕密並幫忙掩飾，這就相當於他們也和羅斯陷入了「禁忌之戀」。一些配角甚至為了幫忙掩蓋羅斯的祕密，而被公司開除或是做出違法情事；也有人利用羅斯的祕密，使自己晉升高位。

在第五季，史派特的祕書唐娜在替羅斯掩蓋祕密時，面臨牢獄之災，一連串的事件使她和原本相愛的史派特疏離。誰都沒有想到在電視劇過了五季後，原本關係特別緊密的兩人會就此疏離，但最終還是變成這樣了。唐娜離開史派特，去當他競爭對手立特的祕書，從此難以回頭。（順帶一提，祕書唐娜和史派特的愛情是該劇另一個『禁忌之戀』。）

與唐娜分手所帶來的衝擊，讓史派特必須接受心理諮商，這使下一季（第六季）的劇情發展圍繞在史派特接受心理諮商。史派特在劇中是最有能力的律師，外貌酷似馬龍・白蘭度，他以聰明的頭腦和百分百勝訴率自豪，看起來像是個絕對不會倒下的人，但這樣的史派特在精神上變得非常脆弱——這便是激變。另外，由於這種劇烈的變化，電視劇的類型再次發生了改變，律師事務所的故事成了次要情節，而史派特的心理諮商成了中心主軸。電視劇從法律劇集到金融劇集，再到心理諮詢劇集，因為情節的激變，類型再次受到改變。

不只如此，在下一季，羅斯是冒牌律師的事實被揭露在全天下人面前，最終面臨牢獄之災。在該季中，羅斯上演了不亞於《刺激一九九五》的逃獄記，實際上在羅斯一進到監獄時，就有一位監獄管理員說：「《刺激一九九五》是世界上最優秀的電影。」因為激變，電視劇類型從法庭劇、金融劇、心理諮商劇轉變到逃獄記。

這還沒完，因羅斯坐牢，原本自豪是紐約最厲害的律師事務所名聲大受打擊，事務所的律師從數十位減少到只剩三位。之後，故事描述了剩下的三位律師為重新建立公司，孤軍奮鬥的模樣。

《無照律師》如果只維持在描述一間律師事務所裡，一群優秀的律師是如何解決案件，那麼就很難拍到第九季。同時，儘管《無照律師》的激變幅度大到足以改變類型，它還是沒有狗血劇的狗血成分，也不包含B級片成分。能不斷呈現出高級的激變，正是《無照律師》長壽的理由。

另一頭，大衛．芬奇導演的電影《控制》，也因為兩次的激變改變了劇情的類型。該電影一開始要尋找被綁架的妻子，是部懸疑片；之後轉變為妻子要報復花心丈夫的復仇劇；然後在妻子的精神病患傾向被揭發後，類型轉變為恐怖，或者說精神疾病劇——如果有這種說法的話。在一百四十九分鐘這個說長不長的時間裡，其發生的激變以及因此而出現的兩次類型變化，令觀眾感到不知所措與專注。

「改頭換面」型內容
——人類打造的激變

《Let 美人》、《拜託了冰箱》、《未生》、《Love House》、《世界上沒有壞狗狗》、《我們孩子變得不一樣了》、《超級保姆》、《臥底老闆》、《人間劇場》、《刺激一九九五》。

這些節目或作品都以「改頭換面」的情節為主軸。所謂的改頭換面，是指藉由專家的幫助或影響，大大改變原本被認為存在困難的對象。

像改頭換面這樣強烈的情節，也不是很常見的。就像小說《變形記》中，變成蟑螂的主角擄獲了全世界讀者一樣，由於變身成完全不同的樣子本身就是激變，再加上這種變化不是因魔術或奇幻的因素，而是「人為」實現的。

最具代表性的例子，是幫有嚴重容貌焦慮的人做整型手術的節目《Let 美人》。節目呈現出的整型前和整形後的明顯變化即是激變。《拜託了冰箱》也是一樣的情節。冰箱裡，塞在黑塑膠袋中的食材經過專家的巧手後，重新誕生成一道道高級料理。

二〇〇〇年播出的綜藝節目《Love House》，則是由專家將狹小、骯髒、不安全的房子，改造成任何人都想居住的美屋；二〇二〇年下半年的熱門綜藝《新穎的整理》，也是透過專家的「整理」，將明星的住家變成完全不同的面貌。

兒童、青少年精神科專業醫師吳恩瑛博士在節目《我們孩子變得不一樣了》裡，將被認為有問題的孩子重新調教成「聽話的」孩子；而美國人氣節目《超級保姆》（育兒的達人）也是類似的節目。節目《世界上沒有壞狗狗》當中，寵物訓練師姜亨旭校正狗狗的問題行為；而美國實境節目《報告狗班長》的情節也相同。

然而，改頭換面並不是單純改變外在而已。如同狄更斯的小說《聖誕歌聲》（*A Christmas Carol*）裡，小氣鬼施顧己因受到某人影響，以至於在內心出現重生或受到救贖。廣義來說，這種情節也屬於改頭換面情節。比方說被拍成電視劇的漫畫《未生》，描述在圍棋界失敗的棋手，空降進入大企業後所經歷的故事，但不僅如此，還包含圍繞在主角身邊的人物受主角影響，經歷內心成長的變化。

還有另一個例子，是拍到第八季的美國人氣實境節目《臥底老闆》。內容是公司老闆接受專家的幫助，隱藏身分，臥底成為自家公司新進員工的節目。在該節目中，首先老闆的外貌和地位產生了很大的變化，然後節目在結束時，老闆與下屬互相理解，內心發生變化，即重生或救贖。

發生這種改頭換面最具代表性的作品便是電影《刺激一九九五》，該片原文片名直譯是「在鯊堡監獄發生的救贖」。這部電影令人感動的地方，不在於逃獄這個外在的結果，而在於恢復和救贖人性。

朴贊郁的復仇為何是藝術？

講到「復仇」，韓國人就會想到朴贊郁導演，要讚美他是韓國的珍寶也不為過。他執導的《我要復仇》、《原罪犯》、《親切的金子》被稱為「復仇三部曲」，享譽世界。

「復仇情節」通常很單純：主角先是遇害，之後向折磨自己的壞人復仇。這種情節的第一個激變會隨著主角遇害時發生，然後在主角開始復仇時，又會再發生一次激變。主角和壞人的處境被翻轉，曾經被壞人徹底踐踏的主角如今反過來將壞人踩在腳下；原是弱者的主角比原是強者的壞人占了上風，壞人從強者的身分跌落，痛苦地跪在主角面前。主角之前被壞人折磨得越是淒慘、脆弱，在復仇發生時，激變的幅度就更大，使觀眾更加不知所措和專注。

同樣的，朴贊郁導演也為了放大激變的幅度，在復仇三部曲中表現出弱者的痛苦，以及被無情踐踏的場面。比如在《我要復仇》中，男主角是一位聾啞人士，卻還必須扶養苦等不到腎臟移植的姊姊；在需要賺錢籌措姊姊的手術費時，還雪上加霜地被工作的工廠開除。主角雖然試圖要拿資遺費以及變賣自己的腎臟來替姊姊安排腎臟移植，卻因為手術費不足，面臨姊姊無法接受手術的困境。令主角煎熬的事還不止這些，他為了籌措姊姊的手術費，謊稱綁架了一位和自己熟識的孩子，但在籌到手術費當天，姊姊自殺了。不僅如此，他回去故鄉的江邊埋葬姊姊，馬上要把孩子送還家人，孩子卻在游泳時溺死。

《原罪犯》和《親切的金子》也不例外，如要列舉這兩部電影中主角身為弱勢的痛苦，那就需要分別用像上一段那麼長的篇幅來敘述才說得完。弱者弱勢到無以復加的地步，完完全全地被踐踏，因此當弱者毅然決然對折磨自己的人復仇時，產生的激變就會更大。

從這裡開始，我要講點不同的故事。其實復仇情節很常見，而且像復仇三部曲那樣，激變很大的電影也不算罕見，但為何朴贊郁導演的電影會異於其他復仇劇，得到「電影具有藝術性」的好評呢？從結論來說，這是因為在某些地方他打破了典型的復仇情節框架。

典型的復仇情節經常會出現完全的壞人，且主角會痛快地報復踐踏自己的惡徒。因此復仇情節的電影，結局多是大快人心，因為復仇就意味著邪惡的終結。

然而朴贊郁的復仇劇並不遵循一般大眾期待的復仇劇文法，結局總有一絲不痛快。例如在《我要復仇》中，除了典型復仇劇情節：主角向器官走私業者復仇，該片還出現另一個復仇，那就是一位父親他的女兒莫名被綁架，最後甚至死亡，因此對主角展開復仇的劇情。然而，在那場對主角復仇的戲中，該名父親流淚了，因為他很清楚自己要復仇的對象並不是壞人，也沒有為非作歹的意圖。這使得觀眾雖然理解該名父親的復仇，卻感受不到痛快。因為有別於踐踏邪惡的典型復仇劇，在《我要復仇》中，踐踏無辜之人的，竟是另一個不得已的無辜之人。

《原罪犯》也是如此，並沒有產生踐踏惡人的暢快。這部電影描述莫名其妙被監禁十五年的上班族展開復仇，觀眾在觀賞後才會發現電影又是另一種復仇劇。主角被監禁的理由在於過去犯下的罪，這是他的報應。另一頭，因為主角而失去姊姊的另一個角色，則透過監禁主角實現了復仇，因此主角的復仇才會讓人不痛快。

三部電影中最晚上映的《親切的金子》，是復仇三部曲中唯一像是遵循典型復仇劇文法的電影。李英愛向殺人魔崔岷植復仇，因為崔岷植讓自己含冤入獄，虛度了十三年。只看情節的話，該片與一般的復仇劇沒什麼兩樣，但該片將復仇這個雜亂的過程，刻畫得像雪一樣乾淨與孤傲，從這點來看，它又顯得與其他復仇劇不同。朴贊郁在這部電影中打破了「復仇就是一起變骯髒」的俗套。為了清掉骯髒的垃圾，清理人的雙手也免不了會變髒，但這部電影強迫性地將那雙手維持在乾淨的狀態來清掉垃圾。為此，電影使用了各式各樣的道具和象徵，讓李英愛的復仇看起來高尚又純潔。畫面中有大片留白如雪，而李英愛的言行舉止既冷漠又枯燥，甚至可以用「潔癖」來形容。李英愛一出獄就去找因崔岷植而失去愛子的被害人，然後她剁下自己的手指，請求對方原諒。她還請求對方原諒連自己都沒有犯下的罪，或甚至連自己都不知道是不是犯過的罪，希望成為一個完美無缺的存在。而在她抓到崔岷植後，也給了其他受害者復仇的機會。因為受害者很多，如果只有自己復仇，那也會是種罪過。

像這樣，朴贊郁導演並非將電影拍成由罪生罪的一般式復仇，而是描繪了像雪一樣乾淨的復仇，所有藝術性元素都打破了陳腔濫調。

巧妙混和兩個傳統情節——《醉後大丈夫》

人氣空前絕後的喜劇電影《醉後大丈夫》，就如原文片名「Hangover」（宿醉），電影由「We don't remember anything.」（我們什麼都記不得了）這句台詞揭開序幕。主角艾倫這個影史上最跳脫「普通」的瘋子角色，在前一天晚上讓朋友們因藥物而醉得不省人事。朋友們因藥效的關係，瘋了似地狂歡，結果隔天醒來時頭痛欲裂，一點都記不得前一天發生過什麼事；更雪上加霜的是，在他們起來之後，發現有一個朋友不見了。

電影雖然是描述為找尋失蹤朋友而孤軍奮戰的故事，但同時也是尋找失去記憶的故事。主角們在早上醒來後，發現自己身處一間不知道位在哪裡的飯店；有人掉了一顆牙，有人臉上出現刺青，有人胸部做了整形手術，廁所還出現了一隻老虎。

「究竟前一天發生了什麼事？」主角們費盡千辛萬苦，只為了找到失蹤的朋友以及自己喪失的記憶。

《醉後大丈夫》不是只有一種情節，而是巧妙地混和了為找到失蹤朋友而一個個完成任務的「探索情節」，以及在失去記憶的情況下尋找本質（前一晚做了什麼）的「尋找本質情節」。

在尋找本質的情節中，激變發生在當人物了解到自己失去了本質的時候，以及把失去的本質一個個復原的時候，觀眾會因這些激變不知所措並且專注。而在探索情節裡，當發生失去某個寶貴東西的衝擊性事件，以及一步步越來越靠近那個失去的東西時，就是人物的處境激烈變化的時刻。

《醉後大丈夫》的故事，就在探索與尋找本質這兩個情節產生絕佳的化學反應下展開。比方說，突然發現坐在廁所的老虎，引發主角對前一晚所發生的事感到好奇（尋找本質情節的開始），然後馬上讓主角領悟到他們搞丟了一個珍貴的朋友（探索情節的開始）。主角們動身尋找失蹤朋友的同時，也在尋找關於前一晚發生的事情本質。

在尋找朋友的過程中，他們查出其中一名主角掉了門牙的理由。原來是因為他們在酒吧時因藥效的關係，本人自己用老虎鉗把牙齒拔下來了。而臉上刺青的理由也真相大白，主角因藥效發作而和行人大吵一架，然後與警察發生爭執；他為了躲避警察而逃跑躲到刺青店，刺青就是他在那裡主動做的。除此之外，在他們尋找本質的過程中，也得到了失蹤朋友的線索。像這樣，順著探索與尋找本質這兩個巧妙交融的情節，眾主角的處境也不斷發生激烈的變化，讓觀眾自始至終感到不知所措並且專注。

對本質的提問，最後以荒誕的回答解開；而尋找朋友的任務，又以非常異想天開的方式執行。由於激變全都往會引人發笑的方向走去，因此《醉後大丈夫》是部「喜劇」電影。相反的，電影《神鬼認證》的主角傑森．包恩，雖然也是去找尋喪失的本質，但劇情氣氛與《醉後大丈夫》不同，是一部嚴肅認真的電影，因為《神鬼認證》的激變是朝緊張感以及嚴重性發展下去的。這就像遮臉躲貓貓，「我在這裡～」之後出現的表情如果是媽媽的笑容，那麼孩子就會笑；相反，如果說了「我在這裡」之後，媽媽在哭，那麼孩子就會放聲大哭。

情節大雜燴——《星際救援》

前面講到怪奇比莉和奉俊昊時，提到：「有些有趣的東西，難以輕易用存在於這個世界上的東西來定義。」要是有人問：「電影《星際救援》的情節是什麼？」那麼就像奉俊昊電影的類型一樣，我會說：「它不能簡單用一兩種情節來定義。」

分析《星際救援》裡參雜的傳統式情節，我們可以找出懸疑、救援、冒險、救贖四個代表性的情節。

太空船駕駛員羅伊・麥布萊德某天從他上司口中得知一件難以置信的消息：本以為二十多年前在宇宙出任務時死亡的父親，其實還活在宇宙的某一處。更令人震驚的是，他的父親正威脅著地球。父親是怎麼存活下來，又是怎麼威脅地球的？父親是個傳奇性人物，過去為促進人類文明的進步，去開墾遙遠的宇宙。電影的懸疑情節，便是從這個地方開始。

之後羅伊為了說服父親而前往火星，因為火星上有能夠傳送訊息的電波裝置，但上級單位一發現羅伊從火星發送給父親的訊息沒有用，便決定要殺死他的父親。羅伊聽到他們要殺死自己的父親，便決定前往救援（救援情節開始），不顧危險地踏上「意外之旅」（冒險情節開始），希望找出父親威脅地球的原因，以及確認父親是否真的還活著。

另外，透過這場冒險，羅伊也得到了一種救贖（將一個人從死亡、痛苦和罪惡中拯救出來）。他在影片後半段見到父親之後，才了解到自己和父親一直以來努力追尋的宇宙，事實上非常地虛無縹緲。他還意識到忽視家庭與社會，只執著於鑽研縹緲宇宙的父親和自己是多麼地愚蠢，並為此反省。在歷經一波三折之後，回到地球的羅伊重新恢復之前因專注在宇宙上而放棄的日常生活，以及忽視的人際關係，也就是他最後擺脫罪惡，找到了人性。

像這樣，《星際救援》的四種傳統式情節就如同拌飯食材一樣，很好地混在一起，因此這部電影本身就很特異，隨著不同情節發生的激變也相當多。不過，儘管參雜了那麼多情節，如果要定調這部電影，懸疑情節所占的比重還是最大的。在懸疑情節上，主角所面臨的懸疑越是前所未有，觀眾就會更加不知所措、更為專注。原以為父親在二十多年前為了人類前往太空探索後便死亡，沒想到竟然還活著，這點就夠奇怪了；更沒想到他還在宇宙的另一邊威脅著人類？《星際救援》的懸疑，便是使電影遠遠跳脫「普通」的一道佳餚。

千萬觀影人次電影的內容公式

「不像朴贊郁、奉俊昊導演一樣有名的導演，只能被龐大的資本左右。」

電影不像圖畫、小說或網路漫畫一樣，只要一支筆或一台電腦，就能輕易製作出來。電影是耗費最多人力和金錢的藝術，而由於電影和各式各樣的利益綁在一起，因此電影，特別是商業電影，可說是在各項內容中最保守的。這裡所說的保守，指的是為了不讓大家虧錢，電影會以最不會失敗、最不會受損失的方向製作。雖然很遺憾，但在這時就會出現陳腔濫調。

假設你投資了一百億韓元（約台幣兩億四千萬元）在一部電影上，但沒沒無聞的導演說想嘗試拍一個前所未有的內容，劇情和角色設定從未被驗證過、非常特別。如果你沒有富有到可以將一百億看作小數字，應該無法接受導演這種不是大賣就是大敗的嘗試。因為如果電影連製作費用都撈不回本，那你的一百億就等於丟進水裡。相反的，如果你只投資十萬韓元（約台幣兩千四百元），導演說要做新嘗試，你說不定反而會很開心，因為那筆錢就算丟了也無所謂，所以比起安全當然會更喜歡風險。不過除非是募資，不然是沒有電影可以讓你只投資十萬韓元的，電影投資金額通常至少要一千萬韓元（約台幣二十四萬元）以上。

什麼是保守型電影的角色設定和劇情？只要分析突破一千萬觀影人次的商業電影，它們有什麼共同點就能知道。這些電影的劇情千篇一律，只是外表不同而已。如果要用三個詞來表達這些共同點，那就是瑕疵（也就是『缺點』）、苦難、救贖。在這些電影中，擁有瑕疵或缺點的主角會陷入與那個瑕疵吻合、看不到盡頭的苦難，甚至掉落人生最低谷，然後在克服或撐過那個苦難的過程中，從痛苦和罪惡中得到釋放。

如果硬要以情節來區分，這屬於救贖情節。在這個情節中，會產生兩次大激變。第一次來自主角陷入和自己瑕疵有關的無止境苦難，進而掉到谷底；第二次來自從克服或撐過苦難的過程中得到救贖。這種情節和角色設定在韓國很「有效」，由於這種故事架構一直是票房保障，因此商業電影毫無例外都以這種架構製作。

「將帥之義必須隨忠，忠則必須向著百姓。」

在《鳴梁：怒海交鋒》中，主角李舜臣是名「百姓傻瓜」，其愛護百姓之心甚至被認為是缺點。丁酉再亂[40]一爆發，他白衣從軍[41]，重新被起用的他當時健康狀況惡化，甚至還會吐血，即便如此，他依然通宵備戰。他還拒絕召他回陸軍的聖旨，一心只為了百姓而自願處在苦難中。一名部下策劃暗殺不願放棄作戰的李舜臣，並放火燒龜甲船；雪上加霜的是，難以對付的日軍在這時突襲。但李舜臣最後用十二艘船對抗三百多艘的日軍船艦，拯救百姓，成為聖雄[42]。

「爸爸，我有遵守約定吧，還找到了莫順，我過得算好吧？但是，我真的很辛苦啊。」

《國際市場：半世紀的諾言》又是如何呢？原本夢想成為船長的「家人傻瓜」黃晸珉，雖然考上了夢寐以求的海洋大學，但身為長男的他，為了扶養家人這個過大的責任感，毅然選擇離開韓國去德國當礦工，還去越南參戰等，一生自願處在苦難當中。幾十年過去，他不僅沒有達成夢想，反而成了動不動就發脾氣的無力老人，但當看到他用犧牲自己來守護的家庭一家和睦，以及快速成長的韓國，便擺脫了痛苦。

《七號房的禮物》中，只有六歲智商的「女兒傻瓜」柳承龍原本要幫女兒買美少女戰士書包，卻蒙受不白之冤被關進監獄。他雖然遭受暴力及藐視，最後還是和女兒相見，得到再審的機會。但為了救女兒，他做出虛假自白，在再審中同樣被判死刑。「我要代替正義，原諒我爸爸。」之後他的女兒成為律師，幫父親洗刷冤屈。

「我是為了誰才這麼拚命的？」

「別拿我當藉口，我什麼時候叫你那麼做了？」

《太極旗—生死兄弟》中，「家人傻瓜」張東健就和《國際市場：半世紀的諾言》的黃晸珉一樣，如果說對家人莫大的責任感是一種缺點，那這就是他的缺點。妻子的死亡、失去弟弟等苦難對應他強烈的責任感，使他因愧疚與憤怒發狂。然而在電影後半段，他終於救出原以為已經死亡的弟弟，從心理創傷中走出來。

「爸爸，你為什麼只想到自己？所以媽媽才會離開你。」

《屍速列車》中無情的基金經理人孔劉處在突如其來的「殭屍大亂」中，他和《七號房的禮物》的柳承龍一樣是「女兒傻瓜」。受善良女兒的影響，他做出原本不會做的事，因此在殭屍大亂中不斷處於艱難的狀態。而最終他為了女兒和他人犧牲自己，從過去那個自私

40 譯註：一五九七年到一五九八年中國明朝萬曆年間，日本第二次發兵侵略朝鮮半島的戰役。知名的鳴梁海戰便是發生在這段戰役中。

41 譯註：朝鮮時代官員所穿著的衣服依官職分為紅色、藍色、綠色等，穿著白衣就表示此人並無官職，而是百姓。白衣從軍指武官在被罷黜的狀態下，以前任官吏的身分輔佐現任職務的處分。李舜臣在丁酉再亂爆發之前被誣陷下獄，被貶為士兵，因此再次被起用時是白衣從軍。

42 譯註：意指最偉大的英雄。在韓國，「聖雄」一詞大多就是指李舜臣將軍，有如他的專有稱號。

的角色重生，成為犧牲自我的代表。

「怕玻璃窗破掉會被要求賠償，而用繩子吊在外面的人，竟然打爛了十六台車？」《雞不可失》的主角們是一個集結警察組織中問題人物的團隊。各自被稱為「笨蛋」的他們經常闖禍，還因為辦事不力，被後輩搶走了晉升機會等。他們在警局中得不到肯定，最後還面臨將被降職的危機，因此再也沒有退路了。所以幾人決定拿出所有退休金，開炸雞店創業，甚至企圖破獲一樁可以扭轉局面的大型犯罪事件。事情發展一如既往，和他們的預想背道而馳，不僅生計不保，連生命也變得岌岌可危。但片尾他們將毒犯一網打盡，擺脫問題人物的標籤，還獲得表揚。

「有瑕疵或缺點的主角，會因為隨之而來苦難掉到人生最低谷，然後在克服苦難的過程中，從煎熬和罪惡中得到釋放。」創下千萬觀影人次的電影，其劇情就是像這樣可以預測，相當老套。

我絕不是說保守的東西就是不好。儘管電影保守，還是創下了千萬觀影人次，從這點來看，意味著這樣的角色設定和情節很可能很合韓國觀眾胃口。

然而我們也必須重新審視，是不是就是因為這樣，以至於到頭來我們在電影院就只能看到大同小異的電影，所以尋求新鮮感的觀眾才不願意觀看韓國商業電影。韓國商業電影的觀影人數每年都在減少，相反的，大型資本沒興趣的獨立電影總可以發現新穎的嘗試，且觀眾也在增加。

情歌就是要大起大落才吸引人

李孝利在〈10 Minute〉中唱出「要誘惑對方，只需十分鐘」，但包含〈10 Minute〉在內的大部分情歌，實際上能誘惑聽眾的時間只有四分鐘左右。如果要讓聽眾在短短四分鐘保持專注，情歌裡絕不能少了激變。

各位有聽過歌手唱的情歌是講一段戀情的中間或後段嗎？大部分的情歌都在表達愛情的開始和結束（離別），不然就是性暗示的內容。之所以幾乎所有的情歌都只包含愛情的開始與結束，理由在於，只有愛情的頭和尾是激變的緣故。

在金泰宇的情歌〈陷入愛情〉中，「陷入」這個單字就蘊含了激變。實際上愛情的初始就是會不斷製造出激變。

陷入愛情的人，因產生從未有過的感受而感到慌張，並且會專注在那個感受上。我們通常用「被愛情蒙蔽了雙眼」來表示這個情形，這就好像戴上有色眼鏡一樣。當愛情來臨，所有一切都會透過你愛的人呈現出來。好比走在路上時，會想：「那個人也走過這條街嗎？」在吃東西的時候，會想：「那個人也吃過這個東西嗎？」就算是在看書，也會在書頁上想起曾與那個人一起度過的時空。

讓我們回想一下開始戀愛的情侶。兩個不同世界的人讓彼此互相感到慌張，專注在彼此身上，然後互相折磨，不知不覺中一點一滴地受彼此影響，最後成為一體。這就好比白色顏料和紅色顏料混在一起會出現粉紅色一樣，兩人合在一起後會呈現出與之前不同的色彩。以一種全新色彩重新誕生的彼此，便會擁有與此前相異的觀點和外貌。

不過，像這樣由愛情製造的激變，有效期限不長；當然也有例外，但熾烈的愛情通常不過幾年就會冷卻，激變也會回復原狀。直到離別之前，兩人之間的發展並不會有特別的激變。

愛情的激變就像這樣，通常只存在於開頭和結尾，因此韶宥和鄭基高的情歌唱的是戀愛初期的曖昧階段：「好似屬於我，卻又不屬於我，像屬於我的你～」（〈Some〉）；防彈少年團高唱愛情的開始：「第一眼就認出你了，像是曾經互相呼喚過一樣，我血液裡的DNA告訴我，我在徘徊尋找的是你。」（〈DNA〉）；還有EXO和尹鍾信分別高歌「別再猶豫，請帶走我的心吧」（〈Baby Don't Cry〉）和「因為喜歡才愛～」（〈Like it〉），將愛情最後的離別唱出來。

●特異、轉意、激變的終極效果

紓解壓力與創造內心掙扎

特異、轉意、激變不只會引起不知所措和專注，還伴隨兩種效果。考慮若在前面的篇幅說明有可能會模糊論點，所以移到後段特別提出。

首先，趣味法則有紓解壓力的效果。

看完有趣的電影後，心裡的壓力都被釋放了。各位應該都有過這樣的經驗，這不只發生在搞笑電影，就算是看悲傷或感人的電影也會有同樣的感覺，因為電影中的特異、轉意、激變，不只會讓觀眾感到不知所措和專注，還會消除壓力。

前面說過，特異、轉意、激變會將顯意識拋開，就好比有句話說「操心就有事，放心便無事」，人類的顯意識在意一切事物，因此日常生活中，人腦自然而然地充滿各種雜念。這就像手機就算沒什麼在用，也會因為記憶空間不足而必須經常整理記憶體一樣。

但顯意識並不是沒有用的意識，人類用它來保護自己。要是沒有顯意識不由自主地擔心或思考，人類可能就無法應對即將到來的嚴冬或夜晚猛獸的攻擊，也可能無法看穿敵人背後精心安排的計謀。顯意識為了保護人類免受所有可意識到的危害而時時警惕。多虧如此，人類這一物種才得以延續到現在。

這就是顯意識的一體兩面。它雖然能讓人類生存下去，卻也讓人腦一刻也不能歇息。

「我在這裡～」

但是當特異、轉意、激變發生，大腦會暫時放下這種顯意識。回想一下當你看到人生中最好看的電影，或是坐在雲霄飛車上，你應該會完全專注在那部電影和雲霄飛車，並感到不知所措。在那裡，顯意識沒有製造雜念的空間，這是由於包圍你大腦的顯意識因特異、轉意、激變而麻痺，只留下了發愣的潛意識處在毫無防備的狀態。不過，大腦是趁著製造各種雜念的顯意識暫時癱瘓，才得以休息，就好像暫時放下揹了一整天的沉重書包一樣，因此壓力才得以紓解。

更科學一點的說法是，人腦裡有著ＤＭＮ（Default Mode Network，預設模式網路），消耗的能量比其他區塊還多百分之三十。ＤＭＮ這個大腦區塊在人什麼事情都不做的情況下也會努力運作，以便應對突如其來的狀況。但根據華盛頓大學醫學院教授、腦科學家馬庫斯・賴希勒（Marcus Raichle）的實驗結果，當實驗對象只要一專注在某個東西上，該部位的活動量就會減少，也就是說過熱的大腦會在這時休息。

有趣的是，這和透過冥想消除壓力的原理一脈相通。雖然冥想的方法有很多種，但核心只有一項，那就是釋放你的雜念，只專注在一件事情上。

所有的冥想老師都會要你專注在某一件事情上，通常會要你閉上眼睛，把注意力集中在呼吸上。藉行走冥想的冥想老師會要你只專注在行走的感覺；藉美術冥想的冥想老師則會要你只專注在畫圖這個行為；一行禪師在其著作《怎麼吃》中，要大家只專注於飲食上。最終冥想的重點，是要我們專注於一件事情，讓製造各種雜念的顯意識暫時停止或放慢速度，由此所帶來的效果便是壓力釋放（根據神經科學家賈德森·布魯爾研究團隊的實現結果，發現冥想者大腦中的DMN，實際上活動量明顯減少）。當特異、轉意、激變發生，我們的顯意識被癱瘓，就會自然專注在某個對象上，這時壓力便得到紓解。

「內心掙扎」的起點——特異、轉意、激變

學生時代的國文課上，我們會學到為求有趣，必然需要「內心的掙扎」，卻沒學過內心掙扎是如何產生的。產生內心掙扎的理由也在於特異、轉意、激變。面對特異、轉意、激變，人會陷入不知如何是好的恐慌狀態，也就是陷入內心掙扎。

想像一下有個人在上完廁所後發現沒有衛生紙。連這種小小的變化都能製造出內心掙扎，令人坐立不安，何況是設計好的特異、轉意、激變呢？

「生存還是毀滅，這是個問題。」

某天，哈姆雷特面前出現了死去父親的鬼魂（特異），他才知道，原本以為是被毒蛇咬傷致死的父親，其實是被跟母親結婚的叔父所謀殺（轉意）。「要向殺害父親的叔父報仇嗎？還是默不作聲，就這樣繼續讓敬愛的母親能夠過著幸福的生活？」哈姆雷特內心的掙扎，就從這時開始。

在丁柚井的小說《物種起源》中，主角一時衝動，在家中殺害了自己的母親（激變），然後他很快意識到自己是個精神病患，過去也曾殺過人（轉意）；這時他媽媽的養子，也就是他的哥哥回來了（激變）。小說大部分的內容，都只在描述主角在一天內發生的掙扎。

掙扎和特異、轉意、激變並非各自存在、彼此無關，可惜的是，至今我們只學到需要有內心掙扎，沒有學習到掙扎是何以發生。這就相當於學生在沒有學習加減法的情況下學習乘除法一樣，國文老師其實應該從特異、轉意、激變開始教。總而言之，特異、轉意、激變會引發不知所措和專注，釋放壓力、製造掙扎。

過年——內心掙扎最激烈的時刻

容我點出一個每年都會經歷的激變吧，那就是傳承兩千年的民族大節日：春節。

如同電影《罪時代》，崔岷植問河正宇：「你是哪裡的崔氏？」便改變了兩人的地位一樣[43]，過年時，所有親戚齊聚一堂，這時每個人所處的情況都與平時非常不同。比方說過年的時候，我們每個人的身分都變成誰的孩子、誰的孫子、誰的媳婦、誰的堂表兄弟姊妹、誰的阿姨、誰的姑姑、誰的叔叔舅舅。而只要有人開始嘮叨，問「什麼時候結婚？」、「什麼時候找工作？」等，原本屬於個人的問題，就會變成大家的問題。

這種春節要面臨的激變，從連假都還沒開始之前就會讓人感到慌張、掙扎。春節到來之前，人們更是開始擔心各種事情：要買什麼禮物？和親戚見面時要說什麼？特別是當子女或自己沒考上理想的大學，今年也沒找到工作，或是家裡經濟狀況不好的時候，對於所有親戚齊聚一堂的春節，就不可能感到高興了；這時要先回娘家還是去婆家等問題也會同時浮出水面。越接近春節，就越掙扎，好像坐在雲霄飛車上等待急速下降的那個瞬間，春節這一激變在發生之前，就已經讓人們失魂了。

我在前面曾提到特異、轉意、激變的效果之一是紓解壓力，但為什麼看影片中的激變能夠釋放壓力，春節等人生中的激變卻無法達到同樣效果呢？這是因為影片中的激變較短，而且可以預測何時會結束；但現實中的激變，不僅無法確定結束時間，還是親身體驗，就好比連續幾天的單戀和持續幾年的官司一樣。電影主角的激變只要九十分鐘就能結束，現實中的激變往往一下子就超過二十四小時。

43 譯註：電影中，飾演海關稅務官的崔岷植要將毒品賣給飾演黑道老大的河正宇。在交易席上得知對方和自己同姓後，便提出這個問題。殊不知兩人剛好同宗，而崔岷植的輩分較大，因此兩人之間的地位出現變化，之後崔岷植得以加入黑幫組織，兩人以叔姪互稱。

當人生中發生激變，
激變很可能會持續不斷，
使我們失眠，使我們痛苦。

3

趣味的完成

●「絕對有效」的影片製作法

從企畫目的中找出特異、轉意、激變

我曾在二〇一九年首爾國際書展，訪問過韓國知名料理紀錄片製作人李煜正（이욱정）。當時採訪的場所是在一個拳擊台上，前方擺著他的書，書中文字含有一些意想不到的意義變化（轉意）——有一天食物從「肉體的燃料」變成「心裡的記號」，料理從「流汗的勞動」變為「好玩的遊戲」。在他的文字裡，甜味變成了「愛慾」、「只要陷進去就很難擺脫的誘惑」；鹹味則變成了「純潔」、「未曾改變的信義」、「極度的商業主義」。

電視製作人的工作本身就是要製造特異、轉意、激變，因此他們會像這樣，努力將趣味法則融入任何地方。比方說不論電視劇還是綜藝，任何電視節目都會有所謂的「企畫目的」。企畫目的是指寫下節目最終要走向哪個目的地的「宏圖」。如果說情節是每一集具體的任務或策略，那麼企畫目的可說是綜合所有集數的願景。但他連企畫目的都會要求要有趣味法則，因為節目必須前往的目的地就是特異、轉意、激變。

比方JTBC電視台的綜藝節目《拜託了冰箱》，其企畫目的是「在十五分鐘內！用冰箱裡的食材，做出只為一個人量身訂做的料理！」這個節目中展現出激變，讓觀眾看到冰箱裡堆在黑色塑膠袋中不知名的乾癟食材，搖身一變成了美味的客製化料理；tvN 電視台的綜藝《Let 美人》的企畫目的則是「讓焦慮變成自信！透過參加來賓的治癒和成長過程，讓我們看到人生的變化！」我們就知道這是一個透過整形手術，大大改變容貌焦慮的節目。

電視劇《愛情是 Beautiful，人生是 Wonderful》的企畫目的則是：「本劇試圖將家庭劇搬到家庭外進行。這是一齣從家庭裡走出來的家庭劇，而不是走向家庭的電視劇；本劇講述媽媽、女兒、爸爸及兒子，各自尋找幸福的故事，而不是講述家庭的幸福；劇情走向開始，而非完結；是一齣以『愛我自己』而不是以『我愛你』作為快樂式結局的電視劇；本劇雖然會講述好好去愛的故事，但也會講述好好分手的故事；電視劇裡除了有家人的悲傷，也蘊含世上的悲傷；這是部符合時下的電視劇，主角都是符合時下的人物，是一齣小確幸電視劇！」該企畫目的中包含了一種宣言，宣告這部劇將不同於一般家庭劇，在各方面都將實現類型上的破壞（特異）。

企畫目的是能夠找出特異、轉意、激變為何物的最優秀教材，實際上有考生為了成為電視節目製作人，在準備言論考試[44]時會努力學習企畫目的相關知識，考試時也會被要求寫出來。我建議大家透過企畫目的，學習製作人在製作節目時考慮了哪些特異、轉意、激變。分析越多節目的企畫目的，對特異、轉意、激變的掌握就能越敏銳。

另一方面，知名電視製作人羅暎錫，過去在考試時曾寫了類似《拜託了冰箱》的節目企畫案。該企畫案考慮的重點，比起「將冰箱裡的食材轉變成優秀料理這個激變」，更著重於「在公開冰箱這個私人空間時，產生的不知所措感」。

「我的母親住在清州（韓國忠清北道中部）老家，我們常常會在聖誕節時發現冷凍庫中有她過年時買來的肉品。這樣令人震驚的事情過去發生過幾次，我就是從這裡產生靈感的。」——羅暎錫自傳《反正競賽還很長》

冰箱這個不太想讓人觀察的私人空間，因為節目被公開在無數觀眾面前。「這不是女生常吃的東西嗎？」「這個保存期限已經過兩年了耶！」主持人肆無忌憚地提問，讓來上節目的藝人忙著找藉口。這種衝擊性的「公開冰箱事件」會癱瘓明星的顯意識。由於顯意識這道戒備不在了，明星才得以誠實坦白，展現出與平常不同的一面。如此，也才能做出其他節目中沒有的「獨家」談話。

44　譯註：媒體從業資格考試，又稱言論考試。為韓國各家廣播電視公司在公開招聘時舉辦的考試。因競爭就如國家考試般激烈，因此出現這個統一說法。在韓國，若想成為記者、主播、電視台製作人等媒體從業人員，必須先通過應徵企業舉辦的考試；通過三到四關（書面應徵、筆試、面試（主播和記者加考實作考試））後才能進入該企業工作。

絕不失敗的影片企畫法：加法

如果覺得影片企畫很困難，這裡提供你一個非常簡單的企畫方法，那就是「加法」：只要在原有企畫添加一個要素就好。

讓我舉近幾年很流行的旅行節目為例，純粹集中在旅遊本身的旅遊探訪節目有《走進世界中》、《世界主題之旅》、《韓國紀行》。

讓我們在旅遊節目加上「名人」，由藝人出行的旅遊節目現在比比皆是。那麼這次讓我們除了在旅遊加上「名人」，再加上「高級」看看，就會過濾出由尹汝貞、金慈玉、金喜愛、李美妍等優雅演員一起旅行的節目《花漾姐姐》，以及由李順載、申久、朴根瀅、金容建等「美型」老年男子共同出遊的《花漾爺爺》等「花漾」系列。

如果在這裡再加上「知識對決」的話，就成了綜藝節目《懂也沒用的神祕雜學詞典》。我之所以會說是知識對決，是因為該節目其實藏著隱形的競爭。節目聚集了作家柳時敏、小說家金英夏、美食專欄作家黃橋益（황교익）、物理學家鄭在勝、麻省理工學院都市計畫博士金鎮愛等，自尊心強烈的知識學者；只要攝影機一靠近，他們就會各自展現自己的知

識。他們之間那不能說是對決的對決，引發了微妙的緊張感，是一檔奠基於韓國人特有的通識教育匱乏，再加上對決的節目。

讓我們在「旅遊＋名人」的基礎上，再加上「宿營活動」，就誕生了節目《兩天一夜》。成員們聚在一個景點玩遊戲、吃飯、睡覺然後回家，就像大學生的迎新宿營一樣。除此之外，要是在「旅遊＋名人」的基礎上再加上「套裝旅遊」，就是節目《團結才能火》。像這樣，只不過是在旅遊企畫上增加什麼東西而已，就能誕生新的內容。

這次讓我們以料理節目為例。如果純粹在料理節目中加上「野生」和「叢林」，就能各自誕生出《我是自然人》和《叢林的法則》。這些節目的亮點，一定是大家一同吃某個東西。

如果在料理企畫中加上「鄉下」，然後再添加「巨星」的話，就會出現《一日三餐》了。節目中展現了影帝鄭雨盛在傳統爐灶燒柴升火，煎煎餅吃的場面。在料理增加「名人」和「低價」的話，就是《把便利店掏空吧》；在料理加上「專家的祕訣」，就有了《家常飯白老師》和《最佳料理祕訣》；在料理上增加「文明史」，就是《料理人類》；在料理上增加「專家品評」，就成了《週三美食匯》；在料理增加「旅行」，再加上資深演員崔佛岩的「人文氣息」，就出現《韓國人的餐桌》；在料理中加入「廚師對決」，就有《韓食大賽》和《白種元的三大天王》；而在這裡放進「冰箱」，再加上「脫口秀」，就是《拜託了冰箱》。

要是還不知道怎麼企畫，不妨現在就隨便打開電視或YouTube，看看裡面的內容添加了哪些要素。有些小說家在編故事時，會將各式各樣的要素，像是誰把什麼東西怎麼樣了等等寫下來，然後丟骰子決定如何搭配，這個方法就類似「加法」。

另一方面，電視台製作人之所以偏好像這樣，在已經被證實會成功的節目編排上附加某個東西，是因為這樣可以減少節目失敗率。製作人這個職業是要去拉贊助來製作節目，然後用那個節目創造收益，並非單純製作令人驚豔、有創意的節目而已。如果動用別人的錢越多，創作的自由度就越小，這對每件事來說都是一樣的。

史蒂芬·金的商業機密

史蒂芬·金被金氏世界紀錄登錄為「最多原著小說被改編成電影的作家」。我在大學時，就想拍出可與他的小說媲美的影片。因為很好奇他製造出趣味的祕訣，我就在K書中心分析他的作品，甚至還將他的小說分成段落和句子，記下帶有特定意義的文章段落或句子的數量，畫出曲線圖。我想在這章節介紹他在出了車禍、奇蹟似地活下來之後所寫的《史蒂芬·金談寫作》，裡頭關於製作內容的祕訣。

據說史蒂芬·金不會先設計好情節，只會先編織一個相當於困境的特殊「事件」，讓主角不斷陷入困境（激變）當中。下面幾個事件便是他為了寫小說所設計出來的。

- 如果吸血鬼襲擊了小村莊？──《撒冷地》
- 如果郊區村莊裡有個警察失去理性，見人就殺？──《絕望》
- 如果有位清潔婦曾被懷疑殺了自己的丈夫但平安獲釋，之後再次被懷疑因受委屈而殺害主人的時候？──《熱淚傷痕》

●如果一名年輕媽媽和她的兒子被瘋狗追趕，因而受困在一台故障的車裡？

——《狂犬庫丘》

像這樣，始於困境的小說，之後一定會接二連三地陷入困境。比方第一次為史蒂芬．金帶來成功的小說《魔女嘉莉》，主角嘉莉總是以各種方式身陷極度的困境——同學霸凌嘉莉，視她為醜陋的怪物；她就連在家中也不安全，對邪教狂熱的母親更將嘉莉的人生逼向泥淖；她在畢業派對上被潑豬血，喜歡的同伴死亡等事件，讓嘉莉的困境越趨極端。還不只如此，嘉莉從畢業派對回來，母親卻將一把刀刺進她的背上。

另外，《愛上湯姆戈登的女孩》則像在實驗能讓主角陷入多深的深淵。史蒂芬．金讓十歲的少女特麗莎在危險的森林裡迷路，藉此揭開她面臨極度困境的序幕。他絕不拯救特麗莎，或讓她躲到安全的地方，只是不斷地給予困境，然後觀察特麗莎會如何反應。史蒂芬．金使她無法擺脫各種各樣的苦難，像是蟲子、濕滑的岩石和樹根、池塘、怪聲、飢餓與寒冷、食物中毒、幻覺……在森林裡的苦難從三十一頁足足寫到兩百六十一頁，最後以特麗莎在三十公分左右的近距離面對一隻大熊而告終。

讓主角不斷陷入困境，並觀察他們孤軍奮鬥的樣子，也就是單純不斷製造出激變然後觀察。本來越是高手，就越單純。史蒂芬．金從小學就開始寫小說，他每次向出版社寄小說都遭到退稿，但他把那些寫著退稿理由的紙張蒐集起來。他也曾經因為孩子發燒卻沒有醫藥費可以支付，而打算放棄小說家這條路。史蒂芬．金和他小說裡的主角一樣，在克服了重重困難後，最後成為世界一流的小說家。史蒂芬．金的商業機密非常簡單，那就是「不斷讓主角陷入困境」。

如果你也正在製作影片內容，何不試試不要考慮太多，就持續讓主角陷入困境呢？比方說把上完大號後，卻發現沒有衛生紙的狀況拍成影片。光是這樣一個小小的困境，就能讓觀眾感到慌張並且專注，因為那個困境就是激變。

電視製作人申元浩所執導的電視劇《機智牢房生活》裡有這麼一句台詞：「真是的，老天爺是在天上給提示嗎？一個考驗結束後過沒多就又給另一個，一點都不放過人啊，一點都不放過。」

高檔的毒舌製造困境

金九拉是韓國最獨樹一幟的主持人。即使有藝人會表演出類似劉在錫和姜鎬童的搞笑方式，但至今還沒有藝人能夠製造出類似於金九拉的趣味。

金九拉曾主持過《舌戰》、《錢蟲》、《金九拉的不動產經紀人》等時事教養節目，還在主流媒體書寫專欄。他的博學多聞所製造出的搞笑觀點（特異），不同於一般搞笑演員。比如在綜藝節目《玩什麼好呢？》，金九拉去吃劉在錫煮的泡麵。進到店裡，他最先講的一句話是：「這個空間還真有趣，很有創意喔。」有多少諧星在進到某個空間的同時，能用這種話引人發笑呢？

朴明洙在上金九拉主持的《黃金漁場》時曾說：「金九拉的搞笑，是會引人思考的搞笑，而我的搞笑是腦袋放空就能看的搞笑，兩者有些不同。」接著金九拉回應：「因為硬幣有兩面啊。」朴明洙又說：「我就說不出『硬幣有兩面』這種話。」

與政治人物和電視台高層有交情，而擁有珍貴的情報網，也是金九拉不同於其他人的地方。比方在二〇一九年SBS演藝大獎頒獎典禮上，金九拉說：「之前KBS的演藝大獎收視率也不好，應該把頒獎典禮整合起來，讓三大無線電視台的本部長見面商討，輪流舉辦才是。」[45]他因為這一席看穿電視台現況的發言，使他受到的關注比得到大獎的得獎人還要高。

像他這樣的諧星，是所謂的「毒舌派」，但他的毒舌與其他諧星的毒舌截然不同。勃然大怒型諧星的毒舌是直線型的，因為他們的毒舌是根據眾所周知的事實，或從他人外貌、行為中得到的資訊，所以笑過一次就結束了。但金九拉的毒舌是基於更高層次的知識，以及出色的情報能力，因此可以擊中要害，讓來賓不知所措並在內心產生掙扎，最終從來賓口中引出豐富的話題。

金九拉的代表作當屬《黃金漁場》。就如過去皇家馬德里是一支為C羅而編制的足球隊，《黃金漁場》如果少了金九拉，節目就不復存在。《黃金漁場》雖然帶著脫口秀的面具，但事實上這是一個讓來賓不停面臨困境（激變）的節目，其企畫目的是「用不知會射向哪裡、一語就能擊中要害的口才，使來賓解除武裝，說出真正故事的獨創脫口秀」。以金九拉為首的主持人群，從節目開頭介紹來賓，就開始對其進行挖苦和貶低；然後像聽證會

45 譯註：韓國三大無線電視台KBS、SBS、MBC每年年底都會各自舉辦演藝大獎頒獎典禮。入圍者和入圍作品皆是自家電視台製作的綜藝節目，因此常被人詬病這類頒獎典禮只是每年輪流在分配獎項，並無實質意義。金九拉當年在典禮上一針見血地點出收視率不佳的問題，造成話題。

一樣，不斷對來賓提出令人尷尬的提問，最後還讓來賓上台唱歌。眾來賓就像史蒂芬・金小說的主角一樣，在節目中不斷處於激變的狀態。

由於金九拉是製造困境的核心人物，因此《黃金漁場》從二〇〇七年開播至今，即使大部分的主持人都被替換，只有金九拉還是堅守節目，因為只有金九拉的毒舌才能讓來賓面臨困境：顯意識消失、驚慌失措，並因內心掙扎而冒冷汗，由此「一窺在其他地方難以看見的明星另一面」。原本像星星一樣閃耀的藝人們，就像流星一樣掉到了地上，他們不僅吐出原本不打算說的話，還會做出難得的舉動。而圍繞在金九拉身邊的主持群，則會包裝那個墜落，讓明星縱使墜落也不算壞事，也就是讓墜落的星星成為「特異」。

「唉呦喂呀⋯⋯」觀眾果然也因為明星出醜而感到驚慌，不知道該怎麼辦才好。從結果來看，電視裡的來賓，還有電視機前的觀眾都感到不知所措、專注，然後內心出現掙扎。《黃金漁場》節目能夠長壽，就在於金九拉的毒舌具備特點，讓明星身處困境；而觀眾因那個困境不願轉台。

然而，金九拉的「毒舌」曾在二〇二〇年成了眾矢之的，因此他毒舌的強度已經較之前弱了許多。當他製造激變的程度逐漸變弱，收視率下降就成為必然。

時間製造出的簡單趣味

麥可・法斯賓達主演的電影《史帝夫・賈伯斯》，電影前三十分鐘展現了賈伯斯抵達發表會會場，一直到發表新產品電腦前三十分鐘的準備過程。不過在這看似無趣的三十分鐘，卻比一般動作片的開頭還要令觀眾感到緊張，這是因為這裡存在著時間限制的緣故。

發表前三十分鐘發生了問題，要發表的電腦說不出「哈囉」這個單字。獨斷專行的賈伯斯不願接受員工要他放棄讓電腦說話的建議，嚴厲地催促員工解決，讓電腦一定要能夠打招呼。當下的他就像隨時會暴走一樣。由於這位獨特人物的固執，使當下有了時間限制，讓其他角色慌張得不知該如何是好，內心出現掙扎，觀眾也跟著緊張起來。

時間限制是一種能夠製造激變，進而延伸出驚慌感、專注和衝突的最簡單又有效的裝置。以電影《不可能的任務》為例，假設距離炸彈爆炸只剩整整一個小時，五十九分鐘、五十分鐘、三十分鐘、二十分鐘、十分鐘、一分鐘、十秒……隨著時間推進，湯姆・克魯斯的處境就會出現劇變。用比喻來說，也就是抓著懸崖的手指頭越來越滑了。每當鏡頭拍到所剩的時間，就會出現這種激變。

想像一下我們被綁在一個地方，眼前有個炸彈；炸彈在一小時後就會爆炸，將半徑一公里內的所有東西都化成灰燼，但我們無法動彈，什麼都做不了。當時間在五十九分鐘和在五十八分鐘，差別一定會很明顯。「這下距離死亡只剩五十七分鐘了。」當剩下五十八分鐘和剩下五十七分鐘時，連呼吸都截然不同。五十七分鐘和五十六分鐘的差別會更大，最後剩下一分鐘時，每一秒都會發生更大的激變。

時間限制並不只存在於炸彈爆炸之前，不少影片中都包含了類似時間限制的裝置，只是樣貌不同而已。例如敘述人生盡頭的影片，從醫生宣告「你最多只剩一個月」開始，時間的流逝就會產生激變。這意味著秒針每動一格，你就離死亡更近一步，也就是死亡在這裡扮演的角色，就和幾小時後就會爆炸的炸彈一樣。每意識到時間的流逝，角色的處境就會發生劇變，同時也會更加不知所措和掙扎。舉例來說，電視劇《山茶花開時》裡出現了兩個時間限制，居酒屋的店員香美將死前所剩的時間用紅筆標示出來，就像定時炸彈的計時倒數一樣；主角冬柏的媽媽貞淑，被醫師宣告時日無多，這也是一種時間限制。

時間限制不一定會以「時間」這一型態出現，當主角必須比對手還要更快做出某種行動時，與對手之間的差距也算時間限制。對手看起來似乎會比主角還要更快完成某事，就和倒數中的炸彈是一樣的；對手距離目標物越近，主角和觀眾內心的掙扎也就會越大。舉個例子，在賽車場上，只要和主角對立的人物拉開了跟主角的距離，這時就相當於炸彈的時間正在減少。

我們尤其能在綜藝節目，看到時間限制作為一種常見手段。例如在幾秒內要吃完全部的食物，在幾分鐘內要抵達目的地；或是必須比紀錄的時間還要早抵達，不然就要接受懲罰等等。這是在任何綜藝節目裡都能看到的手段，當所剩的時間越少，情況就會迅速改變，因此藝人和觀眾都會開始慌張並陷入掙扎。

以釣魚為題材的綜藝節目《都市漁夫》，便是受益於這種時間限制的綜藝節目之一。雖然釣魚是一項非常無聊的體育，但該節目積極使用時間限制，使節目一點都不無聊。在每一集，成員都必須在有限時間內捕獲幾條特定的魚種，要是沒有完成任務，黃金徽章就會被搶走。因此隨著結束時間越來越近，成員內心的掙扎就越來越大。《都市漁夫 2》第三十九和四十集，更是該節目的高潮，「都市漁夫」的成員和「反都市漁夫」的成員賭上下一集上節目的權利，展開激烈競爭。隨著指定時間逐漸逼近，反都市漁夫的成員將差距拉得越大，都市漁夫成員和觀眾就越來越不知所措、專注和掙扎。因為時間限制，不斷發生了激變。

如果你很難想像時間限制帶來的效果，那麼建議你可以看電影《倒數計死》。這是一部以時間限制為核心的電影，描述有人在無意間下載了告知死期的 APP 之後發生的一連串事件。另外，也推薦你一定要看二〇一八年上映的《不可能的任務：全面瓦解》的高潮片段。

觀察類綜藝受歡迎的祕訣「評論」與「解說」

反應，或者說對某件事的回應，是一種引導轉意的手法，在綜藝節目中最常被使用。特別在觀察類綜藝節目中，針對一件事，會先讓觀眾說長道短、評論一番後，再作解說，這麼一來在一個段落中就能製造出兩次以上的意義轉換。

讓我們回想一下廣受觀眾喜愛的《我獨自生活》和《全知干預視角》[46]。首先，我們可以觀察節目的參與來賓組合。《我獨自生活》是主持群＋一名藝人，主持群觀看藝人「獨自生活」；《全知干預視角》則是在這樣的組合又增加一名藝人的經紀人。

有一個段落，是女子偶像團體MAMAMOO的成員華莎在《我獨自生活》裡獨自吃烤腸。VCR一出現華莎吃烤腸的畫面，鏡頭馬上就切到觀看華莎影片的主持群，接著他們一人一句開始插嘴「還真是豪邁耶」、「自己吃飯不孤單嗎？」等等。原本這段畫面只不過是要告訴觀眾「華莎會吃烤腸」，因主持人說長道短，使之有了多種新的意義。

之後華莎獨自坐在單色背景前面，開始說明為什麼會獨自吃烤腸，自己吃烤腸的時候會不會孤單等。繼剛才主持人的干預，這時候又產生了第二次的意義變化。

另一方面在《全知干預視角》，經紀人也會參與其中進行解說，因此會再多出現一次回應。對於藝人的一舉一動，主持群發表個人意見是第一波回應，當事藝人的解說是第二波回應；而最後在製作團隊與經紀人的訪談中，經紀人的回答則成為第三波回應。經紀人跟藝人距離最近，幾乎形影相隨，因此可以從不同的角度解說藝人的行為。

舉例來說，當主持群看到VCR畫面中，搞笑女王李英子在吃東西，便插話：「怎麼自己吃呢？」李英子回答：「那個時間我剛好可以自己一個人好好吃飯。」結果經紀人坐到紅色的背景前面，說道：「因為她怕和我一起吃飯會讓我有壓力，所以常常自己一個人吃飯。我覺得她很體貼，也很有氣度。」

除此之外，類似這樣引發轉意的節目，還有《我家的熊孩子》，該節目展現母親看到子女在外獨自生活的一面，所表現出的反應。

順帶一提，先評論一番之後再解說的回應方式，可以說是從《我們結婚了》和《超人

---

46 《我獨自生活》和《全知干預視角》節目形式，是參與來賓和主持群一同坐在棚內觀看記錄來賓生活的影片。主持群會在觀看影片的同時，對影片內容發表意見。

回來了》開始。節目《我們結婚了》的進行方式和《我獨自生活》非常相似，差別只在於被觀察的對象不是一人家庭，而是「假想夫妻」。而《超人回來了》也同樣存在評論和解說。節目中，爸爸和子女玩遊戲的畫面上，一直有人在表達意見；之後爸爸會獨自坐在攝影機前，回答製作團隊的問題。

不知從何時開始，幾乎所有綜藝節目中都使用了評論和解說的回應方式。這證明了製作人也清楚，由評論和解說帶來的意義變化，會使觀眾不知所措並專注。

人氣美劇《摩登家庭》與《紙牌屋》的「反應」趣味

有兩部電視劇是透過「反應」的使用而大獲成功。首先是美國電視劇《摩登家庭》，該劇製作到十一季，歷時十一年播出，期間囊括無數大大小小的獎項。

《摩登家庭》在劇中放了綜藝節目《我們結婚了》式的反應。

《我們結婚了》先是展現假想夫妻的日常生活，之後讓該對夫妻坐在攝影機前接受訪問。這時的訪問，是對前一個場面進行新穎的解說（轉意）。《摩登家庭》也同樣先讓觀眾看到富裕的現代美國家庭中發生的搞笑事件，然後在事件發生後安排了一段對家族的訪問。在劇中，我們可以看到「事件—訪問—事件—訪問」這樣的結構反覆出現。這時的訪問會改變前一個事件的意義，使該劇看起來就像偽紀錄片一般，這便是透過訪問製造特異和轉意。

《紙牌屋》也在劇中以獨特的反應引出觀眾的不知所措感和專注。為了引起轉意，《紙牌屋》使用了旁白作為手法。所謂的旁白，就是指舞台上其他演出者看不到、聽不見，只有觀眾能知道的反應。在該劇，每當主角凱文．史貝西開始念旁白，除了他以外的所有角色就會全部暫時靜止不動。這時史貝西會對自己或他人所做的行為，或之後將採取的行動說明理由。這種旁白不僅是針對特定場面所做的意外解釋（轉意），亦是一般電視劇中少見、特別的形式，因此能引發觀眾的不知所措感和專注。

說到旁白，如果想解決政治劇不易理解的問題，旁白也是一種有效又聰明的方法。一般人對政治很生疏，政治用語更是難上加難，尤其如果不對劇中政治人物的言行舉止做簡潔的說明，觀眾便會很難理解。史貝西或許就像政治圈的「補習名師」？他的旁白明快地解釋了政治人物間曖昧不明的行為，以及政治圈那微妙的前因後果。雖然這麼說理所當然，但影片內容越容易理解，就能吸引到越多觀眾。

旁白在這裡也發揮了加速器的作用，讓稍有不慎就可能使人感到無聊的政治劇得以迅速、緊迫地進行。綜觀韓國講述政治題材的電視劇，可以發現電視劇為了說明複雜的政治性現象，會不停增加其他劇情進行補充說明。比方在 JTBC 電視劇《輔佐官－改變世界的人們》，為了說明飾演執政黨主席的金甲洙態度突然大變的理由，在下一場戲中便加入了金甲洙和在野黨議員們前一天祕密會談的場面。如果是《紙牌屋》的話，這兩場戲應該就會以史貝西的旁白合併帶過，然後將剩下的時間用在打造更豐富的故事上。

止不住的樂趣：影像的「四秒法則」

所謂四秒法則，是指在四秒之內，必須給觀眾看到下一顆鏡頭。這是一個大家默許的規則，雖然有例外，但一顆鏡頭（一次連續拍攝所拍下的畫面）維持的時間通常在四秒以內。由於觀眾集中在一個畫面上的時間通常不超過四秒，因此不論是否有意，影片製作者都會強迫性地遵守這個法則。現在你馬上播放一段影片，隨便什麼都好，就算是新聞或廣告也無妨。撇除一般民眾拍攝的 YouTube 影片，你應該可以看到畫面在四秒內就被卡斷，然後換到下一個畫面。

對此，可能會有人反駁：「保持很長一段時間的『長鏡頭』不也是會讓觀眾集中注意力嗎？」比方奉俊昊導演的電影《殺人回憶》，便以開頭的長鏡頭聞名；阿利安卓·崗札雷·伊納利圖導演的《鳥人》和山姆·曼德斯導演的《一九一七》，整部電影就像是用長鏡頭拍攝而成。這三部電影都以絕妙的長鏡頭獲得高度讚賞，而這些長鏡頭也引起了觀眾的不知所措和專注。

但當我們拆解這些電影的長鏡頭，就能知道一個長長的鏡頭裡其實安排了相當多樣的事件，只是鏡頭沒有被分開而已，而且每個事件大多發生在四秒內。此外，雖然畫面沒有被卡掉，但攝影機大多每四秒就會換一次位置。從結果來看，這就和為了四秒法則而切換好幾次鏡頭是一樣的。

這些長鏡頭之所以會成為話題，是因為能夠確實拍好長鏡頭的導演並不多。不切換鏡頭，而是製造效果來讓鏡頭看起來像是換了好幾次，是件相當複雜而繁瑣的工程，因為攝影師和眾演員必須融為一體，完成精彩的演出，而且在拍攝上必須一氣呵成，不能有一次失誤。特別是這時候通常要讓又昂貴又沉重、還很容易故障的攝影機在沒有失誤的情況下移動拍攝，同時進行對焦，如此作業非常費工。

另一個極端，洪尚秀導演的電影因為幾乎沒有這種視覺上的變化，所以評價很兩極。洪導演的電影通常會讓攝影機長時間固定在一個地方不動，好像在看話劇一樣。這反映了他的堅持，決定不依靠視覺變化來牽引觀眾的不知所措感和專注。不過洪導演的電影在內容層面上，平均每四秒就會發生一次哲學性的轉意，也因此獲得重視電影意義的觀眾的好評。

我建議各位之後在觀看任何影片時，都能想著這個四秒法則。倘若你計畫製作YouTube影片或是網路節目，那麼我更建議你運用四秒法則。即使沒有做到特異、轉意、激變，還是應該每四秒就做出變化，這樣觀眾才不會把目光轉向其他內容。

●尋找趣味的黃金比例

趣味的 1:1.618

如果你已經製造出了特異、轉意、激變，那麼你離有趣就已經成功三分之二了，因為你已經讓觀眾感到不知所措感跟專注。不過身為創作者應該再更進一步地思考：我所製造的特異、轉意、激變會引發何種情緒？

如同母親的遮臉躲貓貓遊戲會使孩子發笑，我們可以透過尋找特異、轉意、激變的「黃金比例」，引出我們想要觀眾產生的情緒。

黃金比例是指多數人認為「賞心悅目」的比例。有人蒐集無數個讓人覺得賞心悅目的東西，然後分析它們的共同點，結果發現那些東西的比例都是 1:1.618。

也因此，所謂尋找特異、轉意、激變的黃金比例，就是要你在無數個特異、轉意、激變中，尋找那些引發特殊情感的特異、轉意、激變的共同點。比方說，A、B、C、D、E、F、G、H……等電影都得到了「令人感動」的評價，那它們在特異、轉意、激變當中有哪些共同點？這就是你要找出的 1:1.618、好看的比例。

為了找出特異、轉意、激變的黃金比例，必須觀察人們會對哪種特異、轉意、激變做出什麼樣的反應，並且要理解他們會這樣反應的理由，此外，還必須洞察造成類似反應的特異、轉意、激變的共同點。

下面我將介紹打造趣味影片的最後一站——特異、轉意、激變的黃金比例。

要笑才好笑

我們經常可以看到綜藝節目或情境喜劇會加入笑聲作為背景音效，例如《無限挑戰》。不妨回憶一下在《無限挑戰》中出現了多少笑聲音效。如果你會使用剪輯軟體，我建議你試著把笑聲音效剪掉，觀賞無音效的節目。這個情況下，你一定會覺得趣味減少了一半。

像這樣光是在一些場面的結尾加進笑聲音效，就能讓觀眾覺得很搞笑；反之，不管是什麼戲，只要加進悲傷的音樂，觀眾就會覺得那場戲很悲傷；要是加進引發恐懼的音效，觀眾的心跳就會加快；而要是在畫面上加入引發情慾的音樂，比如在兩個男人摔角的畫面上加入這樣的音樂，觀眾就可能會感覺到情色。

會有這種效果，是由於感情大部分是經由聽覺所引起的。孩子會因母親的笑聲跟著咯咯笑，因母親的哭聲跟著放聲大哭。在劇場看喜劇時，旁人的笑聲會讓我們跟著發笑；聽到聖誕歌曲會讓我們感到興奮，而在喪禮則會不由地感到傷心。

因此，如果你希望透過某種特異、轉意、激變使觀眾露出笑容，那麼最簡單的方式就是在趣味的內容加上笑聲。就像有人說：「不是因為感到幸福才笑，而是因為笑了所以才感到幸福。」

反之，如果想讓觀眾在看了某個特異、轉意、激變之後流淚的話，最簡單的方法就是連同某人的哭聲一起加入悲傷的背景音即可。老實說，真的有不少人在看《與神同行》時，就因為主角秀鴻的哭聲，以及悲傷的背景音樂而潸潸淚下。

同理，如果想在感受不到恐懼的狀態下觀賞恐怖電影，只要摀住耳朵就行了，或是改成靜音也行。因為嚇人的聲音會使觀眾聯想到恐怖，而馬上感到恐懼。驚悚電影或是動作電影也是如此，只要關掉背景音樂，就會減輕緊張感。不妨注意一下驚悚片中，那個鋪在人物平凡對話之下的低沉聲響。儘管對話場面真的很平凡，還是可以聽到背景音傳來咚、咚、咚、咚、咚、咚，讓心臟大力跳動的聲音。會加入這個聲音不是沒有道理的。

影片製作者在加入聲音時，會慎重地放入各種不同的聲音嘗試，聽聽看哪個聲音能讓最多人感受到他想傳遞的情感，再從中選擇。另外，也有專門製造音效的人，就向人氣電視劇《又是吳海英》的主角文晸赫一樣。

如果想確認聲音會給觀眾帶來何種影響，我推薦阿利安卓．崗札雷．伊納利圖導演的《最後的美麗》，這部電影將聲音如何牽動情感，拍得極其藝術。

我們為什麼會覺得可愛？可愛動物的魅力

韓國有句話說：「有可愛動物跟小孩的影片不會過時。」這說明了SBS的節目《TV動物農場》為何能維持將近二十年的高收視率一樣。另外像KBS的育兒綜藝節目《超人回來了》會拍攝討人喜愛的小孩，其收視率也是居高不下。網路流傳的梗圖也以可愛動物或小孩居多，比例壓倒性地高。

過去，Instagram帳號「超可愛糯米糕」（zzangjeolmi）擁有超高人氣，讓我們見識到人們可以為可愛的東西瘋狂到什麼程度。截至二〇一八年十一月，該帳號的追蹤人數比世界級明星PSY的追蹤人數還要多出三十萬名左右。該帳號在韓國之所以會這麼受歡迎，是因為一隻名叫「糯米糕」的小狗很討人喜愛的關係。網友說糯米糕的可愛是「不存在於世間的可愛」，牠的可愛度顯然遠遠跳脫了「一般的」可愛。

那麼眾人究竟為何會從糯米糕身上感覺到可愛呢？這個問題也可以換成：「人為什麼會感受到可愛？」

腦科學家表示，人類對於可愛的標準多數已建立在大腦當中——大眼睛、玲瓏的五官、寬額、短腿等（有些人說這是看起來不利於競爭的特徵），而糯米糕則完美地滿足了這個「可愛黃金比例」的條件。

糯米糕長為成犬後就人氣驟減，其理由也可以用「可愛黃金比例」解釋。隨著糯米糕長大，牠的長相離玲瓏的五官越來越遠；就如同大部分狗狗，糯米糕也在成長後失去了可愛的黃金比例。曾有部分網友因此抱怨，而這種抱怨也成了眾矢之的。

如果可愛是來自大眼睛、玲瓏的五官、寬額和短腿，那麼又是什麼要素引起高興、幸福、傷心、感動、恐怖呢？尋找黃金比例這件事，就像是在特異、轉意、激變中成功誘導出預期的情緒，讓觀者發現趣味的大眼睛、玲瓏五官、寬額與短腿。

用一個場面讓所有人感受恐怖

恐怖電影中，當劇中人物面臨生命危險或處於生存的危機中，觀眾便會心生恐懼。以喬登．皮爾執導的電影《我們》為例，它講述一群身穿紅衣的複製人出沒，試圖殺死本尊的故事。

該片的恐怖始於某一天，一戶住宅前面出現了和該戶人家長得一模一樣、面無表情的人；他們身穿鮮紅色連身褲，手裡拿著一把鋒利的黃金剪刀。劇中的父親為了親自對付這些詭異的複製人而走出家門，這一幕給觀眾帶來巨大的恐懼。而之後引發恐懼的場面也都是同樣的脈絡，當人物面臨生命危險，或面臨生存危機，觀眾就會害怕地縮成一團。

不只是恐怖電影，在動作片中也有不少場面講述劇中人物面臨生命危險。不過，為什麼恐怖片裡的人物面臨危險時，會引發起雞皮疙瘩的恐懼感，但動作片中的人物遇到危險時就不會有這種感覺呢？

會有這種差別的原因在於，第一，對人物造成威脅的對象不同。對象如果是鬼魂、精神病患者或超自然現象這種不容易理解的存在，人們便會感到恐懼。例如史丹利．庫柏力克執導的《鬼店》中，威脅主角生命的存在是在飯店的惡靈，而導演自始至終都沒有解釋這些惡靈的存在。相反的，動作片中構成威脅的對象，通常是人類或「像人類的」怪物，觀眾可以充分了解他們是什麼。這就像當我們把手放進一個不知道裝有什麼東西的箱子裡，會感到恐懼一樣，因為人類會對未知的事物做最壞的想像。

恐怖片和動作片的第二個差別，在於動作片的危機在劇中發生速度很快，相對較容易克服，但恐怖片裡的危機很多時候克服不了。舉個例子，成龍的動作片中登場的壞人會因成龍幾次的拳打腳踢而昏倒，但在電影《我們》，來殺害主角一家的複製人直到電影最後都還不斷地折磨這家人，為他們帶來極度的痛苦。

總結來說，引發恐懼的某個東西，首先會對劇中人物的生命或生存造成威脅，而且觀眾無法輕易理解那個東西是什麼。再來，那個東西所引發的危機，絕對不會輕易被克服。與此相反，在執導動作片時，即使可以安排對象對劇中人物的性命構成威脅，以營造逼真感、讓觀眾大感痛快，但必須讓觀眾充分理解構成威脅的對象為何，且必須讓危機相對較容易被克服。

超越恐怖的恐懼——怪誕詭異

「grotesque：怪誕的，極度不自然的。」

恐怖和詭異雖然乍看類似，實則卻有些不同。詭異是恐怖的下層情感；也就是說，如果某個東西很詭異，我們會感到恐怖，但我們不會因為某個東西很恐怖，就認為那是詭異的東西。但有時詭異的特質又會超越單純的恐怖；而對於某事物感到詭異，也會比感到恐怖更令人難忘。

從結論來說，詭異的感覺發生在「某個熟悉的東西」對生命造成威脅的時候。用比喻來說，詭異就像拿叉子刮黑板。當我們吃東西用的叉子碰上傳授知識的黑板，發出令人討厭的聲音，我們就會稱那個聲音「很詭異」。

金泓善導演的《變身》是一部讓人感到詭異的電影，講述惡魔變身成人類，混入家庭後展開的故事。原本親切溫柔的母親突然敲打鐵鎚，愛撒嬌的小兒子竟在大半夜拿著菜刀要刺殺父親，而一向慈愛的父親甚至還躲進女兒房間試圖性侵女兒。因此觀眾在看完這部電影後，不會只是感到「可怕」，而是讓人起雞皮疙瘩，和單純恐怖的電影不同。

電影《鬼店》中被惡靈附身的父親意圖殺害家人，而另一部改編自史蒂芬・金原著小說的電影《牠》當中，我們熟悉的小丑變成了冷酷又殘忍的殺人魔；《牠：第二章》裡頭，原本溫和的奶奶在主角背後做出不尋常的動作。我們會形容這些電影「怪誕詭異」。

二〇一九年下半年MBC一檔試播節目《讀書是金錢》（공부가 머니）也曾引發意想不到的詭異感。這個綜藝節目的概念，是請應考指導員為上節目的家庭提供教育方面的建議。明明節目的企畫目的和詭異毫無關聯，卻有部分觀眾覺得節目很詭異。這也不難理解，因為當中有一對夫妻的子女遭受虐待。

三姊弟當時各是六歲、七歲和九歲，光是在補習班學的科目總共就有三十四個；孩子們一從學校和幼稚園放學回來，緊接著就去補習班、課後輔導、寫作業，一刻也不停歇。隨著節目進行，孩子們皺起眉頭嘆氣。他們要過了午夜才能睡覺，連週末也必須寫作業。父母為了讓孩子準時上課後輔導，催促他們趕快吃飯。雖然主持人對此表示擔憂，但那對父母卻認為這沒什麼大不了的。父母還將無法長時間坐在書桌前的孩子趕出家門，讓他們放聲大哭，這幾幕都是該節目的高潮。

當然，電視裡所呈現的應該和現實不同，極端的編導和剪輯應該也有很大的影響。但這樣的詭異超乎觀眾預期，MBC官網告示版上也湧入大量批評留言。留言提到播放的內容非常詭異，竟然會在節目中看到父母對子女造成威脅；這就像看了怪誕詭異的電影一樣。在那之後，那對父母承認了自己的教育方式錯誤，並採納應考指導員的解決方案，減少了孩子的學習時間，結果反而提高了孩子的成績。

消逝帶來的動人美感

我曾在外公外婆的照護下長大，因此和外公外婆的感情比較深厚。國中時代開始，我就有一個很強烈的想法，那就是：「等我長得夠大，在外公外婆離世前一定要盡到孝道。」

不過等到我上了大學，才實現了部分目標。當時外公外婆已年過八十，身體各方面功能都開始出現衰退，但還是親自經營一家旅館，沒有聘請員工幫忙。因此每到寒暑假，我就會回鄉去幫他們。對我而言，這也算實現了願望。

在幫忙經營旅館的那段期間，我會在早上清理旅館房間，然後在櫃台值班到凌晨。另外，我還寫了一部以外公外婆為主角的小說，分量足足有四本《哈利波特》那麼厚。

當時寫小說的目的並不是為了出版，而且整本小說都是用他們使用的古早方言寫成，從一開始就無法出版。通常小說至少也要在敘事時避免用方言書寫，但考量到那部小說是以主角為第一人稱書寫，說話的人是外婆，所以當時我連敘事都使用方言。

為了寫那部小說，我還把他們說的話錄下來或是抄寫下來。當時的我就像是亟欲想把即將消失的外公外婆留在我的小說裡，為此我還特意要他們盡量多告訴我一些以前的故事。那段時間，是我人生中跟外公外婆說最多話的一段時間，多虧有這段歲月，我也才得以了解我的根本和來處。

一直到現在，我都認為當時用那一年左右來寫那部小說，是我這輩子做得最好的一件事。雖然無法將他們完完整整地寫進書中，但我不認為那是在浪費時間，因為那是在記錄我的來處。有一次我訪問了小說家金聖東，他說他也曾寫過這種小說。我想他當時的心情應該也和我一樣，想在小說完成之後給母親看。

數年後的今天，當我回顧過去，思考自己為什麼那麼執著要寫這部小說時，我只能說「因為很動人」。只要回想那個時期的外公和外婆，我就像看到熄滅前的燦爛火光。他們實在太美了，使我無法不將那時期的外公外婆放進某個地方，以留住正在一點一滴消失的他們。

就像仰頭欣賞喜愛的歌手在巨蛋開唱，你能擁有的只有那首歌響徹全場的那一瞬間，且僅此一次。不管之後再怎麼完美重現那首歌，努力想抓住那感人落淚的美麗氛圍，都只是徒勞。這也是為什麼很多人會在自己偶像的演唱會上淚流滿面。

就如同稍縱即逝的晚霞，「消逝」是很美的。因此如果希望讓觀眾從某個事物中感受到美，不妨讓那個事物看起來危在旦夕，就像搖曳晃動、快熄滅的燭火一般。感人熱淚的電影最後，也一定有「消逝」。

如何讓趣味看起來「有創意」

各位有在太陽下看過新鮮事嗎？就連量子力學或重力也不過是被人發現的而已，而「新想法或概念」也不意味著過去不存在於這個世界。除了上天以外，沒有人能從「無」創造「有」，那些了不起的發明或驚人發現，也都是用既有的東西做出來的。因此不如將「創意」看作用不同觀點去看已經存在的東西，或是將事物做出不同組合的能力。

「與眾不同的觀點和組合」所產生出的成果，便是有創意的、新的東西；而能做到這點，就是有創意的人。

因此要讓某個特異、轉意、激變看起來有創意，第一，這個趣味必須是觀點上的特異、轉意、激變。當我們在要求想法要有創意，會說「Think outside of the box.」（跳出箱子思考／換個角度思考）。想像一下有一群人在箱子裡面，這種情況下，那群人看到的箱子就是一個透不過氣的六面體房間。這時，有個人爬到箱子外面，俯瞰這個箱子，那麼對他來說，箱子便成為能夠坐下的椅子，或是能讓他移動到更高處的踏板。

第二，這個特異、轉意、激變的組合，必須是幾個毫無關聯的事物。這和詩人把幾個沒什麼關聯的概念接起來後，會製造出完全不同的意義是一脈相承。韓國著名詩人柳致環，在名為〈旗〉的詩中寫到「這是無聲的吶喊」。詩人將飄動的旗幟與毫無關聯的吶喊做連結，便是有創意的特異、轉意、激變。我在前面關於隱喻的說明章節中，曾說過隱喻是「轉意」，轉意正是連結天南地北的東西後形成的。據說曾有人問亞里斯多德：「藝術有創意的根本是什麼？」他回答：「隱喻（Metaphor）。」

腦科學家則表示，有些人在進行創意思考時，甚至連大腦裡相距遙遠的區塊都會彼此交互作用。也就是說，平時不會一起工作的大腦區塊，在進行創意思考的時候竟會互相合作。

那麼我們又該如何培養讓趣味具有創意的能力呢？最重要的是必須多接觸和自己不同的人，並且用不同的角度來看世界。為此，我們可以走遍天下，跟不同的人見面，也可以透過閱讀或觀看多元的影片內容。不過需要注意的是，最近平台推薦影片內容，經常是根據個人喜好所挑選的，因此我們容易只看到跟自己興趣相似的內容。我訪問過韓國前大法官金英蘭和明星講師金美京，她們為了開拓不同視角並繞過大數據，會特意訂閱報紙等紙本媒體。此外，還可以藉由追蹤社群網站上各種有影響力的人，從他們提供的靈感中得到幫助。不妨多去學習那些在「我的箱子」之外的人，看看他們有什麼不同的觀點，並思考彼此不同之處可以怎麼協調、配合。

最有創意的搞笑藝人——劉在錫

劉在錫是韓國最具創意的搞笑藝人，他就像能夠把任何食材變成美味料理的廚師一樣，讓人忍俊不禁。

劉在錫會先從節目來賓具備的眾多特徵中，精心挑選一個，然後賦予該特徵「不同的觀點和組合」。比方在搞笑節目《Happy Together》，劉在錫看到朴明洙用毛巾蓋著臉躺在地上，便說：「他是神祕主義者。」他這番話是把朴明洙特別怕生、不輕易流露心事的特徵指出來，並和拿毛巾遮臉的情況做連結，表達（轉意）成只有明星中的明星才有神祕主義，從而引發爆笑。

「我會觀察節目來賓，注意他們的小動作和表情變化。我想我的長處，應該就是會觀察周遭的人，然後挑出他們的特徵吧。」——綜藝節目《Busted！明星來解謎》製作發表會。

綜藝節目中，唯獨劉在錫經常以偵探角色登場。如果說福爾摩斯比任何人都更快找出解決事件的線索，那麼劉在錫便是比任何人都更快抓到值得發揮「不同的觀點和組合」之處。

姜鎬童和金九拉活躍的綜藝形式，在某種程度上可以預料，然而劉在錫主持過的節目型態真的非常多元，因為他是引人發笑的絕世高手，在任何情況下都能從任何人身上找到笑點。比方說在節目《玩什麼好呢？》和《劉QUIZ ON THE BLOCK》便能欣賞劉在錫的華麗招式。不管是藝人還是一般市民，和他見面的那一刻起就全都變成搞笑的人。在節目《玩什麼好呢？》，劉在錫化身各式各樣的副角色，有專輯〈劉Flash〉的鼓手劉哥史達、韓國演歌歌手劉三絲、混聲團體SSAK3的成員U-Dragon、退貨遠征隊的製作人知美劉等[47]。不管是什麼角色、什麼類型、什麼概念，劉在錫都能以創意引人發笑，而這便是劉在錫得以在歷代諧星中享有最長全盛期的關鍵。

47 譯註：這裡指的是劉在錫在《玩什麼好呢？》每個企畫中扮演不同的副角色，而副角色名字多以其姓氏「劉」再加上有名的人事物發展而來，或製造雙關——鼓手「劉哥史達」取自披頭四的鼓手林哥史達；演歌歌手「劉三絲」為中國名菜「溜三絲」的諧音；「U-Dragon」則是和韓國知名歌手G-Dragon的名字結合而成；「知美劉」也特意與英文名「Jimmy」雙關。

顛覆千年觀點的趣味性——立體派

畢卡索和布拉克的立體主義，扭曲了過去藝術家長久以來維持的「傳統」，是場一顛覆藝術史的革命。

在畢卡索之前，藝術家總是像在拍照一樣，以第一人稱的視角作畫，無法跳脫限制。從史前時代洞窟壁畫開始，到文藝復興時期的古典主義、啟蒙主義、浪漫主義和印象主義，都是如此；所有人畫的都是像照片一樣的畫（具象藝術），只是表現技法不同。

尤其過往藝術家一直以來都堅持使用遠近法、明暗對比法和金字塔構圖，使得這些技法被稱為「西洋美術的傳統」。遠景和近景，亮部與暗部，以及特定的構圖等，都是藝術家必須固定在一個視角才能完成的。

第一人稱視角可說是這種傳統的核心，而立體派卻是從扭曲這種視角開始。畢卡索和布拉克的一幅畫中包含無數個「視角」，比如一幅男子的畫像，立體派的視角包含前面、後面、旁邊、上面、下面……超過三百六十度，可能是在七百二十度、用上下左右等角度來描繪一名男子的模樣，一塊塊拼湊起來。

畢卡索雖然曾說過：「所有創造的過程皆始於破壞。」但準確來說並不是破壞，而是將無數個觀點、無數個「outside the box」裝進一個地方。

我在前面曾說明創意是「觀點上的特異、轉意、激變」。這樣革命性的觀點轉換雖然被某評審嘲笑：「這不是在畫風景，而是在畫方塊。」但此後他為後來的抽象藝術世界做出了貢獻，現在則被稱為美術史上最有創意的創新。

什麼是「B級」？

大家通常把B級片、B級電影等帶有「B級」的字眼，單純與「水準低下」一概而論。但究竟什麼是B級？要是我們把稱作B級的內容擺在一起來看，就會發現通常這些內容發生的機率都很低。

比方說曹承佑主演的電視劇《祕密森林》被讚譽為傑作，而大部分的晨間連續劇則被稱為B級電視劇。在這裡，《祕密森林》和晨間劇最大的區別便是機率。《祕密森林》中無論什麼事件，發生機率都很高。例如在劇中，本來互不相識的曹承佑和裴斗娜在案發現場第一次見面，而之後他們見面的地方也多是在案發現場。由於曹承佑和裴斗娜分別是負責同個地區的檢察官和警察，因此兩人會相遇也是很合理的，因為負責案件的檢察官必須和負責警察見面。比起偶然，兩人的相遇更是必然。

不過在晨間劇中，一對財閥夫妻會在某間超市的試吃區遇見十年前失散的親生女兒。儘管他們要在同個時間、空間相遇的機率，比中樂透還要低，兩人還是會相遇；而且非常湊巧的是，女兒會在財閥夫妻經過的時候剛好滑倒，然後翻倒的食物會剛好灑到夫妻的衣服上。像這樣，如果經常發生機率極低的事件，我們就會稱該內容為B級。當機率只有幾億分之一的事件，以理所當然之姿發生，觀眾便會覺得內容很粗糙。

「機率」是指「事件發生的確定性、可能性，以及符合整體脈絡或走向的程度」。如果說《祕密森林》中裴斗娜和曹承佑在同一個時日相遇的概率是百分之八十，那麼在B級電視劇中，人物之間相遇的機率就會是幾億分之一。相遇機率接近於零的兩人相遇了，我們就會說「機率極低」。簡而言之，在看影片時，如果覺得內容司空見慣，那就是內容發生的機率高；如果觀看時你會吐槽「少來，怎麼可能」、「莫名其妙」，那就是內容的機率很低。

越是高級的布料，上面的經緯交錯就越均勻；但如果織品的經緯歪歪曲曲，或是斷掉了，那麼即便布料的絲線再好，人們也只會覺得這塊布品質不佳。劃分B級和A級的機率就像這樣，如同觀察經緯是否連貫、平順，好內容中的每個要素也必須以高機率為基礎發展下去。

我們經常可以在製作費相對較低的影片中感受到B級。電視劇《愛情與戰爭》和奇人奇事節目《神祕的ＴＶ：Surprise》就是最具代表性的例子。在《愛情與戰爭》中，妻子已經在家裡玄關看到一雙陌生女人的鞋子，明目張膽地擺在那裡了，卻還沒意識到有人在家裡；即便到處都是證據，卻還是毫不懷疑丈夫有外遇，那個遲鈍已經不是一般人的遲鈍了。而在《神祕的ＴＶ：Surprise》則出現飾演美國人的演員不會說英文，這種相當不合邏輯的劇情。除此之外，某無線電視台的晨間劇，還曾經上演過財閥富商和大醫院院長在豬排連鎖餐廳進行見家長的橋段，但這兩位也不是吝嗇鬼和守財奴，尤其這場戲還非常嚴肅。

另一方面，也有影片會故意製作成B級，特別是幾乎所有的搞笑影片都將B級作為搞笑工具使用，因為就是要機率很低才會好笑。舉個例子，在一部印度電影中，一名男子剝掉香蕉皮，用裡面的果肉把拿槍的敵人全部殲滅，接著不知從哪冒出來的人們成群結隊地聚在一起，開始跳舞。明明是B級，但這個趣味實在是太超乎一般人的理解了。

以前韓國曾經流行過，當對方說的話很突兀，或做出意料之外的行為時，會回應對方：「這麼突然?!」這句話正是凸顯出對方的行動機率很低，才引人發笑。

特異、轉意、激變有時也需要根據類型去提高或降低機率。比方說在影展得獎的影片，大部分都是基於發生機率接近百分百而製造出特異、轉意、激變；相反的，搞笑內容的發生機率則非常低。根據製造的趣味種類不同，機率高低也應要有所變化。

為什麼你看不懂《天能》卻仍覺得好看？

前面我們將「機率很低」，也就是B級比喻為一塊編織鬆散的布料；如果再把它比喻成雲霄飛車，可以說B級片的軌道歪歪曲曲，簡直就像每一段都是不同製造商製作的。當人們坐上這種雲霄飛車，比起享受雲霄飛車帶來的樂趣，他們更容易留意雲霄飛車在製造上不夠嚴謹這一事實。

電影《Real》就是一個因機率太低而失敗的代表作。該片有些橋段，就算看了幾遍都無法充分理解。《Real》中，當一個事件連結到另一個事件時，觀眾只會不斷地質疑「為什麼」、「這意味著什麼」、「剛才那件事為什麼會那樣」。對於某幾場戲發生的緣由，觀眾至少需要得到一些說明，但電影卻不那麼親切；而每當快可以理解時，就又會出現一些象徵，十分令人費解。電影雖然展示了許多包含激變的特殊場面，使觀眾困惑並且專注，但觀眾很難將那些場面與前一場戲或整個電影連結在一起。

如果是商業電影，就應該在電影快要結束時讓觀眾能理解大部分內容；如果電影都結束了，觀眾卻仍不理解電影在說什麼，那部電影就不能成為商業電影。當有人問：「那部電影怎麼樣？」你也至少要理解電影內容，才說得出「很有趣」或是「滿值得一看的」。反之，如果你只能回答「很難懂」，便很難再加上一句「很有趣」。

《Real》的敘事就好比還沒上去就持續異常墜落的雲霄飛車。搭上那種雲霄飛車的觀眾，在嘗試理解幾次墜落的理由後，終因疲憊而選擇放棄。結果就是觀眾在觀影過程中分心，並且因壓力而認為電影很無趣。請回想一下學生時代那些不管怎麼努力都解不開的數學問題，解不開的問題只會讓人感到不快。

前面我們曾經說明，史蒂芬．金的商業機密是不斷讓主角處在困境（激變）當中，但史蒂芬．金所引發的激變，並不是連續出現幾個毫不相干的激變，而是隨著起承轉合發生，在事件與事件之間有所關聯，而這個關聯是可以被接受的。

另一方面，克里斯多福．諾蘭執導的電影《天能》是這個說明的唯一例外。看完這部電影，走出戲院的觀眾就和看完《Real》一樣，幾乎沒有人能理解這部電影，因為觀眾需要具備在物理學方面的高知識水準才能理解，且在敘事方面也有很多地方不合邏輯。就連長期撰寫知名電影評論的影評人，也無法只看一次就理解。據說，連韓國電影雜誌《Cine21》的記者也抱著這部電影不放，甚至連著幾天絞盡腦汁地分析這部電影，記者和影評人寫在入口網站上的影評也到很晚才上線。

《天能》和《Real》同樣是「還沒登頂就異常墜落」的持續，就像解不開的數學題一樣令人不快，儘管如此，由於《天能》具有壓倒性的特異、轉意、激變，足以掩蓋那種令人不舒服的敘事，因此大受歡迎。

就像沒有任何敘事的煙火也會製造趣味一樣，《天能》那個「不像是存在於這個世界」的場面調度引發極致快感。事實上兩部電影的評論非常相似，但一邊是好評不斷，另一邊是惡評如潮。有位影評人這麼評論：「電影要我們別試圖理解，只要感受就好，是部具有魅力的厚顏之作。」

4

趣味的放大

有些要素可以幫助特異、轉意、激變引起更大的困惑和專注，
這些要素可以稱為「特異、轉意、激變增強劑」。

下面將介紹幾個可以有效製造趣味的要素，
這將成為你的武器。

●增強劑1：關聯性

為什麼你會發現朋友換了大頭貼？

包含我在內，很多韓國人只要有空就會看 Kakao Talk[48] 上朋友的大頭貼。由於我的職業是記者，所以手機裡有七百多位 Kakao Talk 朋友。要是瀏覽他們的大頭貼，就會發現有幾位的大頭貼旁邊出現紅點，這就代表他們換照片了。

「哦？看來他要結婚了？」

「他和戀人分手了嗎？」

「他抽到汽車耶？」

「看來他去濟州島了。」

特異、轉意、激變的增強劑當中，第一個想跟各位介紹的是「關聯性」。讓我們回想一

48 譯註：韓國通訊服務軟體，相當於台灣的LINE。

下街道上的廣告看板，如果廣告看板沒有出現令人驚訝的變化，我們就不太會去注意；不過我們卻會對朋友變換大頭貼這個小小的變化感到困惑，並且去注意它，這是因為大頭貼主人和我們有關。

不妨試想自己坐在咖啡廳裡看著窗外紅綠燈的情景。當紅燈變成綠燈，綠燈又變成紅燈時，我們並不會那麼在意。相反，如果自己正準備過馬路，紅綠燈突然改變，你的身體就會隨著號誌立即做出反應。也就是說，我們會根據變化與自身的關聯，產生不同的感受。

如果今天發生的不是更換大頭貼或號誌燈號變換等小事，而是特異、轉意、激變和你有關呢？比方說朋友在你面前被捲入了一場紛爭？或我們再把關聯性提高一點，雖然最好不要出現這種事，但如果你的母親在你面前和某人吵架呢？當吵架的人並非陌生人，我們的不知所措感、專注和掙扎等反應就會比看到陌生人吵架還要大許多。試想一下現在離你很近的地方失火，而火就快要燒到你的東西了，這時所產生的不知所措、專注與掙扎，一定會比在新聞看到森林大火來得強烈，差別就在於關聯性。

為什麼國家隊比賽讓人心跳加速？

就算不喜歡棒球或足球，在韓國多少也會觀賞柳賢振在大聯盟的比賽，以及韓國國家足球隊的比賽，因為對韓國人來說，柳賢振和國家足球隊就是代表我們和外國人競爭。

讓我們回想一下以前參加運動會的情景。比起班上沒有參加的體育項目，我們是不是會更關心自己班上參加的接力賽呢？我們對別班比賽的輸贏沒什麼興趣，但會拚命為自己班上的比賽加油助威，贏了會高興得蹦蹦跳跳，輸了便會哭喪著臉。

如果存在關聯性，那麼就能讓觀眾認為影片中的主角是站在自己這邊，或將主角想成是自己的異卵雙胞胎，因此當主角輸或贏，觀眾就會陷入錯覺，覺得自己也一樣失去或是獲得了。舉個例子，當我看到柳賢振以無安打結束比賽時，就會好像是自己很厲害一樣，整天心情都很好。光是創下優質先發的紀錄，也會讓我高興個大半天；而曾經是柳賢振同事的克萊頓・克蕭即使在投出完封後又擊出滿壘全壘打，我也沒那麼興奮。同樣的，韓國國家足球隊的比賽結果，會比選手年薪總額世界最高的巴塞隆納足球俱樂部的比賽結果，對我的影響更大。

關聯性是一條看不見的線，連結在觀眾和影片內容之間。當影片跟觀眾產生連結，觀眾就會因為影片中的變化而受到驚嚇。

因此，創作者在企畫內容時應該考慮到關聯性，像是可以利用很多人都經歷過的特別事情。比方，YouTube 上「你了解『道』嗎？」[49]這種影片特別受歡迎，這是因為很多人都有在韓國路上被攔下來問這句話的經驗；觀眾會充滿疑惑，好奇「到底為什麼會被攔下來」，而一窺未解之謎。而觀眾愛看電信詐騙或中古車詐騙影片的脈絡也是一樣的。當然，這種影片是否符合道德倫理，還需要進一步探討。

擁有兩百萬訂閱人數的 YouTuber 晋龍辰（@jinyongjin_official），他的影片「特此奉告」會大獲成功，便是基於內容強大的關聯性。他將許多人想解開但解不開的問題拍成影片，像是「大學入學考試分數對人生有多大影響？」、「廁所裡一定會看到的這個蟲，到底是什麼？」、「便利商店零錢捐款箱的錢都到哪去了？」、「我進去了幾乎在每個社區都會有的一樓舊網咖」等等。只要有關聯性，那麼影片中就連小小的變化也能引發觀眾的不知所措感和專注，而若是特異、轉意、激變出現，效果就會被放大。

49 譯註：「你了解『道』嗎？」是韓國以前一種常見的偽宗教宣傳方式。傳教人士在街頭搭訕時用這句話接近目標對象，因此該句話在韓國成為眾所皆知的偽宗教宣傳名句。

為什麼懷舊會打動你？

「崔鎮基、偰民錫可以，但金容沃辦不到。」50

崔鎮基和偰民錫兩位講師上的演說型電視節目曾經紅遍韓國；相反的，同一時期播映的哲學家金容沃的演說型節目收視率卻不高，也沒有造成話題。對此我感到很意外，因為金容沃身為學者中的學者，他所傳授的知識和洞察的價值並不比任何講座要少。

這樣的人氣差異，原因正在於關聯性。當時，這些節目的主要目標觀眾群是二三十幾歲的年輕人。而大部分的二三十歲年輕人從中小學開始，就透過線上課程跟崔鎮基和偰民錫相處了六十小時以上的時間，而且他們也因為這兩位教師，提升了大學考試成績。反之，這些人和金容沃的交集就沒那麼多了。

舉個類似的例子，擴增實境類遊戲《寶可夢 GO》曾一度在二三十歲玩家之間大受歡

50 譯註：崔鎮基、偰民錫分別是教授人文學、經濟和歷史的補習班名師；而金容沃是韓國當代的哲學思想家，早期在大學教授哲學。

迎。當時擴增實境類遊戲如雨後春筍般登場的，而《寶可夢GO》的人氣獨占鰲頭，這是因為遊戲的背景——動畫《精靈寶可夢》（神奇寶貝）在二三十歲玩家的兒時回憶中占有一席之地；在這個年齡層，幾乎沒有人不會唱《精靈寶可夢》的主題曲。

二〇一九年，《阿拉丁》、《玩具總動員》、《星際戰警》、《哥吉拉》、《鬼娃恰吉》、《蜘蛛人》等數十年前大受歡迎的影片，全都重新製作上映，該年被稱之為「the year of nostalgia」（懷舊的一年）。其中《阿拉丁》更在韓國創下一千兩百萬觀影人次的票房紀錄，這是因為帶著子女進戲院的父母，以前也曾是為了在週日早上看《阿拉丁》卡通而早起，放棄睡懶覺的小孩；《阿拉丁》在他們的童年記憶裡占據重要的位置。

早期的內容之所以越來越常出現，除了因為這些優質內容的數量較過去增加，還在於製作公司開始認識到關聯性的效果。

「復古」與「新復古」的人氣差異

「復古」並不只是把過去的東西帶到現在而已，所謂復古，是將過去在我們人生中重要的東西，也就是和我們有關聯的某物，拿到現在。就像電視劇「請回答」系列[51]讓中老年層回想青春一樣。

二〇一八年底出版的《二〇一九趨勢韓國》（트렌드 코리아 2019）一書中，介紹了「新的復古，新復古」這一概念，認為這將是隔年流行的趨勢。若說復古是賦予觀眾和內容之間的關聯，那麼新復古（New-tro：new 和 retro 的合成詞）就是在復古這一基礎上，再加上特異和轉意產生而成的。

如同該書預言，在二〇一九年，十年、二十年前流行過的影片將特別受歡迎，而且在這些過去的影片中，有些影片叫好叫座，有些則不然，差別就在於該影片是復古還是新復

51 譯註：韓國電視劇，該系列講述韓國八〇、九〇年代的故事，共有三部作品，分別為《請回答1997》、《請回答1994》和《請回答1988》。

古。如果是單純的復古，就無法成功，反之，在復古這一個「關聯性」上加上特異和轉意的新復古成功了。

SBS 將二〇〇三的電視劇《All In 真愛宣言》和二〇〇四年的《巴黎戀人》各自重新剪輯，並上傳至 YouTube 頻道「SBS Catch」，成為了代表性的成功新復古。SBS 改變剪輯方式，將一集約一小時的兩部電視劇，製作成一集十五分鐘左右、全新不同的電視劇，還特意在畫面加上了字幕，引發趣味。

比方說《All In 真愛宣言》中，有一幕是在賭場工作的宋慧喬向日本人專業地介紹遊戲。影片將其用快轉帶過，並加上「由於時局關係」的字幕。影片上傳當時，韓國正展開抵制日貨運動。另外在《巴黎戀人》，李東健遭遇事故後得到記憶喪失症的那場戲上，也加上了「不會吧」的字幕，巧妙諷刺了以前電視劇經常出現記憶喪失症。「SBS Catch」用這種方式，不斷在以前的電視劇上製造出特異和轉意。網友的留言「幫剪輯師每個月加一百萬韓元的薪水吧」也成為了流行。製作團隊為了找出那種剪輯點和字幕，應該絞盡了不少腦汁。

相反的，只表現出復古的影片並沒能大獲成功。舉個代表性的例子來說，MBC 的 YouTube 頻道「MBCdrama」曾將過去創下百分之五十七點三收視率紀錄的電視劇《看了又看》在一週內上傳四次。但上傳的影片只是把原本一集三十五分鐘的劇情縮減成十五分鐘而已，與同期《All In 真愛宣言》一週兩集、《巴黎戀人》一週一集精心剪輯後上傳的方式不同。

與《All In 真愛宣言》和《巴黎戀人》相比，空有復古而沒有特異、轉意、激變的《看了又看》，在 YouTube 的觀看次數明顯落後。當《看了又看》每集觀看次數達到三四萬左右時，《巴黎戀人》基本觀看次數約為三十萬次，也有集數超過六十萬次，《All In 真愛宣言》的觀看次數更是《看了又看》的三四倍高，這一現象與過去收視率截然不同。

另外，也有網友自發性地將復古改為新復古後成功的案例，YouTube 頻道上的「SBS KPOP CLASSIC」就是很好的例子。該頻道二十四小時播放二〇〇〇年二月開始的《SBS 人氣歌謠》初期播出版本，人們可以在該頻道看到二〇〇一年出道的混聲團體 The Jadu 唱歌，以及二〇〇〇年出道的歌手寶兒 BoA 跳舞的模樣。

另外，有一個頻道乍看可能會以為就是個普通復古頻道，但只要看該頻道的即時聊天室，就能馬上理解這其實是個新復古頻道。這個頻道名為「網路塔谷公園」，頻道名裡「公園」這個單字也不是隨便加的[52]。會加上「公園」，是因為上午時段就有四千多名網友湧入，多的時候還會有兩萬人同時上線。大批觀眾透過聊天室為影片加上轉意，展現了把復古變成新復古的奇觀。舉個例子，當歌手朴軫永唱《我有女人》，多數網友都會留言表示：

「這是不倫歌曲。」[53]另外，一些網友在朴軫永的表演舞台上找到了當時還是舞者的歌手Rain，留言「嚴福童」或是「UBD」（嚴福童的英文拼音縮寫）來回應。嚴福童是Rain在電影《騎向自由的競賽——嚴福童》飾演的角色，該片在票房上失敗。除此之外，歌手洪京民[54]一唱歌，就不斷出現「泡菜馬汀」的留言，這是將泡菜和瑞奇·馬汀結合的合成詞。

由此我們可以知道，新復古的人氣，必須在影片的關聯性再注入特異、轉意、激變因素來放大關聯，才能成功，只有單純的關聯性是無法成功的。同時，要製作新復古風影片就必須加快腳步，因為復古就像埋在地下的石油一樣有限。

---

52 譯註：塔谷公園實際上是一座位於首爾市中心的公園，那一帶因老年人居多，因此塔谷公園給人的印象便是老年人聚集地、休閒勝地。「網路塔谷公園」這一新造詞便是在此背景下出現。在九〇、二〇〇〇年代文化盛行時還是青少年或二十幾歲的年輕人，如今已屆三四十歲，為了重溫過去的回憶，便聚集到「SBS KPOP CLASSIC」等播放一九九〇、二〇〇〇年代歌謠的YouTube頻道。和時下享受KPOP的十幾歲年輕人相比，喜歡觀賞這些頻道的觀眾算「老」了，因此這類頻道被戲稱為「網路塔谷公園」，當時的歌手則被稱之為「塔谷歌手」。二〇一九年SBS在YouTube上將過往的歌唱節目以串流方式播出，開啟了「網路塔谷公園」熱潮。如今，「塔谷」一詞也被衍伸為代表九〇年代出道的知名藝人或該時代的影片內容。

53 譯註：朴軫永在發表該首歌曲當時已婚，因此日後網友開玩笑留言這首歌其實是不倫歌曲。

54 譯註：洪京民在二〇〇〇年代以歌手活動時，因其表演和曲風而得到「韓國的瑞奇·馬汀」之稱。

「真實故事」引起關注

Based on a true story

韓國曾經流行一句話：「是真的嗎？」用英文來說，大概就是「Is it based on a true story?（是根據真實故事嗎？）」當有人問到：「是真的嗎？」如果回答「是真的。」對方就會感嘆：「哇，真的啊。」

睜大眼睛感嘆的同時，心裡想的應該是：「原來那件事真的是在這個世界上發生的？」如果說某個故事是真實發生過，那麼該故事就相當於和我們生活的世界連結在一起。也就是說，我們和故事之間產生了一個連結紐帶，而這種關聯性便會放大故事的特異、轉意、激變。

如果把《不可能的任務》中讓故障飛機在水上華麗迫降的場面，和改編真實事件的《薩利機長：哈德遜奇蹟》中讓飛機在水上迫降的場面進行比較，就能發現差異非常明顯。雖然後者的降落比前者來得平淡許多，但還是會引起觀眾的驚訝與不可置信。

我們要注意的是，真實故事一定要搭配接近特異、轉意、激變的驚人故事，或是獨特的題材，才不會令人感到無趣。增強劑本身並不能保證票房，特別是真實故事更是如此。試想，有多少人看到紀錄片會轉台呢？大部分紀錄片的收視率並不高，那是因為我們生活的世界便是真實故事。由於真實故事太常見了，要讓改編自真實故事的內容成功，就一定需要包含接近特異、轉意、激變的故事或題材。

舉個例子，最近非常盛行製作拍攝日常生活的 Vlog（影片部落格）。如果拿受歡迎的 Vlog 和鮮少人關心的 Vlog 做比較，就能發現兩者特別是在題材上存在差異。受歡迎的 Vlog 裡有著一些特點，像是經常出現長得好看的外貌，以及平時不常去的場所或不常吃的食物等。

如果想要感受真實故事增加的趣味，我推薦克林·伊斯威特導演的電影。這位大師導演在《美國狙擊手》、《陌生的孩子》、《打不倒的勇者》等片，成功地將包含特異、轉意和激變的真實故事拍成電影。此外，我也推薦以「神鬼認證」系列出名的保羅·葛林葛瑞斯導演的《怒海劫》，以及約翰·李·漢考克導演的《攻其不備》。當然，這些真實故事也含有接近特異、轉意、激變的故事和題材，這些趣味因為遇到真實故事，得以發光發熱。

●增強劑2：共感

百萬 YouTuber 如何創造「共感」：配合觀眾視角

第二個特異、轉意、激變增強劑是「共感」。眾所皆知，所謂共感，是感受他人的狀況和情緒。當影片和觀眾之間形成共鳴，影片裡的特異、轉意、激變就會被放大。但究竟應該怎麼做，才能產生共感呢？

我曾經訪問過兒童內容創作者 Mylynn（@mylynntv），這位 YouTuber 從小學四年級開始，就親自企畫、製作和剪輯影片。國中一年級時，便得到了百萬以上訂閱者頻道專屬的鑠金創作者獎。

當我問他製作有趣影片的祕訣是什麼？Mylynn 認為，這個祕訣在於「共感」。

「和其他頻道相比，雖然 Mylynn TV 並不是一個製作搞笑影片的頻道，但我認為觀眾之所以喜歡，是因為他們對我的影片產生了『共感』吧，特別是拍攝日常生活的影片中，我作為一名小學生，會經歷其他小學生類似的事情，並對那個事情做出反應。觀眾應該也是和我有相同的經驗，才會對影片感同身受吧。」

Mylynn 比大部分的大人還要會說話，但是聽到 Mylynn 這番話，我並沒有非常準確地理解他所說的共感是如何形成的。我歪了下頭，此時坐在他旁邊的母親馬上開口補充：

「比方當 Mylynn 上傳學校才藝表演的影片，就會有小學生觀眾留言說『我們的才藝表演也唱一樣的歌』、『我們才藝表演的時候會做什麼』等等，因為每個小學生都會參加才藝表演。他們了解到自己的日常原來和 Mylynn TV 展現的日常一樣，非常感同身受的樣子。」

哦，那麼共感就是透過「類似的經驗」形成的嗎？不過我認為光用經驗無法支撐起這個解釋。當時 Mylynn TV 的影片中觀看次數最高的影片，是標題前面帶有「晚上十二點」字樣的影片，其中尤以〈晚上十二點背著媽媽偷吃泡麵〉的觀看次數最高。通常孩子們因父母的嘮叨，不用說吃泡麵了，就連在十二點還醒著，本身就是件不可能的事。那麼這也能算可以產生共感的內容嗎？

於是我問：「你認為晚上十二點背著媽媽偷吃泡麵會那麼受歡迎，也是因為共感的關係嗎？」

Mylynn 毫不猶豫地回答：「我認為那種影片受歡迎也是因為共感的關係。和我同齡的觀眾雖然喜歡泡麵，但卻很常聽到媽媽說：『不要吃泡麵。』還有，小學生也很喜歡晚上十二點這個單字，我想是因為這類關鍵字得到共感，所以影片才會有觀看次數八百萬次。」

當時我犯了一個錯誤，那就是一定要把共感和經驗綁在一起。人們對於經歷過的事情當然很容易感到共感，但共感和是否有過經驗並沒有太大的關聯。你想想，我們在看電視劇時，不也會被那些沒有親自經歷過的場面搞得又哭又笑嗎？

有一些事，即使我們沒有經歷過也會產生共感，就好像我們感同身受一樣，因為那些事就算我們沒有經驗也熟知。也就是說，那些故事是配合我們「視線高度」（視角）的故事。比方說，和教授說的話相比，我們對朋友說的話會更有共感。而之所以會有無數小觀眾對晚上十二點背著媽媽偷吃泡麵感同身受，也是由於該影片是從小學生 Mylynn 的視角出發，製作而成的緣故。

「共感」在韓文中是這麼解釋的：表示同樣的「共」，與表示感受的「感」。

這裡說的「同樣」指的就是視角。只要配合目標觀眾的視角，講述在那個高度所能看到的事情，就能形成共情能力。也就是說，在那個共情共感中，觀眾和影片之間連結著一條看不見的繩子，所以一旦內容中出現特異、轉意、激變，共感效果就會增大。

「在最低的地方說故事」

如果想讓更多人共情共感，該怎麼做呢？換句話說，要怎麼做才能配合更多人的視角呢？對此，內容創作者表示，最重要的便是「簡單說」。

「我認為在說故事時最重要的一點，就是必須在地上說故事，以得到眾人的共感，而且要在最低的地方說。換句話說，就是要說得簡單，如果講得太難，就不會有人感同身受。每個人已知的程度都不同，如果要讓每個人都能感同身受，就應該在最底端說。以我而言，不管主題再難，我都會選一個可能很多人都經歷過的簡單事件，然後努力藉說話的方式、語調、表情、故事發展方式等，說一個最簡單的故事。」

以上這段話是我在訪問金美京時，她對「引人入勝的說故事祕訣為何」這一問題的回答。金美京是一位有二十八年經驗的明星講師，同時也是擁有一百萬名訂閱者的YouTuber。她因為辦的講座比誰都還要有趣而出名。在被問到說故事的祕訣時，同樣表示祕訣在於共感；而那個共感的祕訣，是「挑選很多人都可能經歷過的最簡單的事件」，以及「說一個最簡單的故事」。

金美京是一位懂得讓人產生共感的講師，在我目前為止訪問過的無數位名人中，沒有人像她那樣將問題的答案說得那麼淺顯易懂。她不僅能夠用易懂的方式回應困難的內容，甚至還讓人感覺她說的那些話是為聽眾客製的。她所說的話，會使聽眾想起自己的經驗，並感同身受。

我問金美京：「這是才能嗎？」她謙虛地表示不是。她說，一場一小時的演講她要花一個月時間，幾分鐘的 YouTube 影片也要花上一週準備。為了在最底端說故事，為了讓更多人能夠感同身受，她真的付出很多努力。

她的 YouTube 頻道只有講座影片，但訂閱人數超過一百萬人；通常其他談論書本的頻道，影片觀看次數都不太高，但在她製作的「Book Drama 影片」系列裡介紹的書，很多時候都會登上大型書店的暢銷排行榜清單，這些指標都證明了金美京打造共感的力量非常強大。

為了配合更多人的視線高度，就必須在低處說話。這麼一來，雖然和個子高的人對視必須不自然地抬頭，但這樣就能夠輕易、自然地和小孩子對視。

詩人製造花香的祕訣

現在回想起詩人羅泰柱的訪談，我都還是有種幸福的感覺。當時迎來登壇五十週年的詩人，竟向我提議直接坐在地上進行訪問。

我還記得當時我問了一個問題：

「百合花香氣太濃／讓晚上的大門不由得打開了」（出自〈散步〉）

「詩人的詩裡出現花香，在某一瞬間打開了讀者的心房。打開心房的花香，製造的祕訣是什麼呢？」

我這麼一問，全韓國最有名的詩人這樣回答：

「很少有人注意到這首詩。大門、散步和百合花彼此沒有關聯，況且百合花的香氣打開了大門這句話也不合常理，因為百合花代表著視覺，而香氣代表嗅覺，但嗅覺卻做了動作，也就是打開了門。這種美好的想像，只有人類才做得出來。」

創意，能將遙不可及的東西串聯在一起。還記得前面我們把詩解釋為轉意嗎？百合花香能夠打開門，顯然就是在打破一個刻板印象。

接著詩人繼續說：

「製造打開心房的花香的祕訣，在於我自己必須先打開。我先變低、變得柔軟濕潤、變年輕，這樣才打得開。孔子有句話叫『繪事後素』，也就是先讓紙變空白之後再作畫；要是上頭有五千頁密密麻麻的詩，就無法作畫了。把心擦拭乾淨、把心打開，才能打開讀者的心房。必須跪下行禮、坐下來往上看才可以。」

羅泰柱詩人寫的詩，是韓國詩人當中最簡單的，任何識字的人都可以很輕易從他的詩得到共鳴。雖然有人對此進行批判，但也因為這樣，他的詩最受歡迎。

不論是金美京還是羅泰柱，都在最底端用最簡單的方法說故事，打開更多人的心房。

使塗鴉成為藝術——凱斯・哈林

凱斯・哈林，是將塗鴉這個最簡單的圖畫藝術化的藝術家。哈林在塗鴉是塗鴉、藝術是藝術的時期創造了灰色地帶，作品傑出到可以稱之為藝術，而他也在美麗的塗鴉上賦予了意義，就和掛在美術館的高級藝術品一樣。

哈林展覽塗鴉藝術的場所也和當時其他藝術品有所區別。如同大眾塗鴉出現的地點，哈林的美麗塗鴉也展示在地鐵站、街頭和牆面上的海報等生活空間。

不同於今日，當時那個年代在日常中是看不到藝術的。塗鴉的人是藝術家？說是塗鴉未免也太好看，像蘊含著什麼意義一樣；但如果這是藝術的話，為什麼會在這裡呢？大眾對此感到不知所措，並專注在他的作品上。

二〇一九年在韓國東大門設計廣場DDP舉辦的「凱斯・哈林特展」，當中有這麼一段文字：「哈林的圖像既普遍又特別，他畫出所有人都能共感的圖畫，用大眾能夠共感的語言，尋求解釋藝術的創意性方法。」

哈林曾說：「換句話說，這是另一種藝術性發言，代表我設計的作品能夠放到任何地方。我想透過這種實驗計畫打破定義商業藝術、純藝術等藩籬。在地鐵站塗鴉也是出於同樣的想法。」他的這番話蘊含了許多東西。

能配合越多人的視角，共鳴就會越大。與金美京、羅泰柱相同，哈林為了配合更多人的視線高度而站在最低的位置，他在每個人生活中經常來往的熟悉空間，安排了連五歲小孩都知道的塗鴉形式藝術。「塗鴉成為藝術」這一特異，因廣泛的共感被強化了。

即使你錯過了凱斯．哈林特展，也不用太失望，因為可能不會得到太大的感動。我這樣講並不是指哈林的藝術很糟。凱斯．哈林這位藝術家帶動了普普藝術的全盛期，而他在一九九一年離世後，世界就開始流行起「類似哈林的」藝術，使普普藝術不再是特異。換句話說，過去以哈林為首的普普藝術家所創造的特異，如今在世界上比比皆是。有些特意就是會像這樣顛覆全球。

內容的共感力——蜘蛛人與機智醫生

韓國曾一度流行將人劃分為「社交達人」和「邊緣人」。哪一種人多呢？如果回想學生時代，就知道那些站出來受到我們矚目的，在三四十人當中只有一兩位左右，大部分都是沒有受到關注的邊緣人。

讓我們回想一下脫下面具的蜘蛛人，彼得．帕克的生活。帕克也和大多數人一樣是邊緣人，所以他看到的世界跟大部分觀眾看到的相同；他那平凡乏味的生活也是大多數觀眾對邊緣人的認識。

由於大多數人都是邊緣人，因此有更多共感是發生在邊緣人的視線高度上的。摘下面具的蜘蛛人在過著邊緣人生活時，電影的高度會符合更多人的視角，形成共識，然後在「多數人的共感」這個背景下，發生帕克戴著面具飛上天空的激變。

二〇二〇年上半年的話題作品《機智的醫生生活》各方面與《蜘蛛人》相似。電視劇裡的醫生們在工作時就像蜘蛛人一樣完美，但到了工作之外，他們就像帕克一樣，看起來有些不足。雖然他們在手術室裡使用一般大眾聽不懂的醫學術語，冷靜並完美地救活病人，是備受尊敬的醫學院教授，但出了手術室後，他們看起來只是做事馬馬虎虎的邊緣人，都已年過四十還會抓著彼此的頭髮吵架。不過，每當發生攸關生死的危急情況，電視劇就會讓觀眾看到他們的轉折，就和蜘蛛人在面臨危機時會製造出激變一樣。

同時，「請回答」系列等申元浩製作的多部電視劇的角色，和蜘蛛人還有另一個共同點，那就是角色的能力雖然非常優秀，但在成熟的同時也有著像傻瓜一樣溫暖又純真的一面。申元浩電視劇的特點，就是劇中角色通常會集結能力、成熟、純真這三項難以搭配在一起的特質為一身，好似漫畫裡會出現的人物一樣。

「唱出大家都認為是在說自己的歌」——皇后合唱團

「Mama, ohh~ I don't wanna die. I sometimes wish I'd never been born at all.」

「媽媽，我不想死，有時我多希望自己從未誕生在這個世上。」

皇后合唱團的歌曲〈波西米亞狂想曲〉中，唱出了一位即將被處死的青年的吶喊。「有時我多希望自己從未誕生在這個世上。」不覺得我們好像都說過這句話嗎？不管是自言自語，或是青春期因為叛逆而對父母說過。歌詞也很簡單：「Mama, I don't wanna die. I sometimes wish I'd never been born at all.」這簡單的文字，只要學過基本文法就能理解。

二〇一八年，在全球票房告捷的電影《波希米亞狂想曲》一幕，皇后合唱團的團員聚在一起，有人這麼說：

「我們的歌，是會讓所有人都認為這是在說自己的歌。」

「是跳脫公式的歌曲。」

如果說「讓所有人認為是自己的歌」這句話是為了形成共鳴，也就是為了配合視線高度所做的嘗試，那麼「跳脫公式的歌曲」就代表試圖擺脫普通，製造特意。

世界經典名曲〈波希米亞狂想曲〉便是基於此原則寫成的歌曲。皇后合唱團的團員用每個人都可以理解的簡單語言、每個人可能都說過的話，表達一位即將被處死的青年的心情，因此聽眾得以對上青年的視線高度；然後在形成同感之後，擺脫公式，製造出衝擊。原本以為是搖滾樂的歌曲，在開始之後變身為歌劇，接著再次轉換回搖滾樂。歌曲足足長達六分鐘，不管是在當時還是現在都是項特別的嘗試。人們對歌曲的評價都是「不同凡響」，因那樣的同感而被放大的特異，不僅是英國，甚至驚豔了全球，吸引了全世界的矚目。

●增強劑3：不穩定性

閉眼搭雲霄飛車
就沒那麼可怕

想像一下自己的身體被綁住，眼睛閉著。

突然手臂覺得很癢，有種不好的預感，往下一看，

驚！有一隻感覺很危險的紅色蜘蛛在手臂上。

現在換個方式，

想像一下自己身體被綁住，但眼睛是睜開的。

在大約一公尺遠的地方，你瞥見一個紅點，哦？紅點會動？

仔細一看是隻蜘蛛。牠正朝你過來，一步步靠近。

你使勁掙扎。「去那邊、去那邊……」

蜘蛛順著手背爬了上來。

請不要緊張。

現在換成遊樂園。

你閉著眼睛，可能在遊樂設施上面吧，似乎正在往上走。

接著你感覺馬上快墜落了，但這只是憑著身體因慣性前傾，以及吹來的微風感覺到的，你並不怎麼慌張。

讓我們再來一次，這次你在遊樂設施上，睜著眼睛，雲霄飛車開始以七十五度斜角上升。

等等，在這裡，你到最後都沒有閉上眼睛，你眼睜睜看著前面，腳下所有一切都很模糊。

咚。

「呀啊！」雲霄飛車開始垂直下墜。

不論是蜘蛛在手臂上，或是雲霄飛車下墜，眼睛睜開時都會比眼睛閉著時還要慌張和專注。這是因為睜著眼睛的時候會產生強烈的預感，覺得「說不定馬上就要發生衝擊性的變化了」。

影片內容也是如此。在不穩定性的狀態下，即使是小小的變化，也能引起觀眾的不知所措感和注意。若這時出現特異、轉意、激變，那麼不知所措感和專注就會增強。

比方說在電視劇《密會》中，鏡頭拍攝劉亞仁在一場重要的舞台上充滿熱情地彈著鋼琴，接著突然拍了鋼琴內部。不知是否有人想妨礙這場表演，鋼琴音板上放著一條手帕，雖然這條手帕到最後並沒有造成任何影響，但因為鏡頭時不時就拍到這條手帕，即使畫面上只有劉亞仁在彈鋼琴，觀眾還是感到不安並專注。也就是說，手帕是一個引發不穩定性的道具。

我們再回來看《娑婆訶》和《哭聲》。這兩部電影最強烈的特點之一，就是跳大神，但它在兩部電影出現的位置並不同。前者將跳大神安排在影片的開頭，後者則安排在電影的高潮部分。因此雖然一樣是跳大神，但《哭聲》的跳大神發揮的效果更好。

如果將「開端—發展—危機—高潮—結局」比喻成雲霄飛車軌道，高潮就是在最高處，那裡是最容易產生預感的地方，觀眾會直覺認為「說不定馬上就會發生驚人的變化」。也就是說，由於影片的高潮處是不穩定性最大的地方，《哭聲》的跳大神所引起的不知所措感和專注，會比《娑婆訶》來得更強烈。

伏筆、轉折、麥高芬

伏筆：用來提示即將發生的事件。
轉折：改變事情的形勢。

如果你想應徵電視台製作人而在準備寫作考試，一定會經常聽到一句話，那就是「多花一點心思在轉折上」。

轉折之所以吸引人，是因為轉折所製造出的變化幅度大，令人留下深刻的印象。轉折通常在最後才出現，而且越好的轉折和前面的故事越密不可分，因此當轉折成功，就會推翻掉前面所有故事。就像只要一張骨牌倒了，其他骨牌會跟著倒一樣，只要出現轉折，就能使影片中許多東西發生急劇的變化。

不過要製造出轉折絕不是件易事。製造出有效轉折，至少意味著作者完全掌控文章，並客觀地在看待那個文章。考官可以在好的轉折中，找出優秀的製作人。

我工作的報社，社長在公司召開月會時，會在全體員工面前演說，然後總是會在最後講：「以上內容都是騙人的。」而他總是在講了「以上內容都是騙人的」之後，說出最重要的話。員工通常會從演說中間開始感到無聊，但當社長說了這句話，每個人就會重新集中精神，將最後的話銘記在心。雖然這不能說是好的轉折，但不管怎麼樣，那是可以引起不知所措和專注的一種手法。

另一方面，由於伏筆會形成不穩定性，當轉折和伏筆一起使用，效果更大。舉例來說，在《山茶花開時》一劇中，傳聞村裡有一個連續殺人魔「調皮鬼」到處殺人。主角冬柏向母親抱怨：「妳什麼都沒有給過我。」母親貞淑突然悲壯地向冬柏說：「我走之前一定會給妳個東西。」後來，貞淑還沒頭沒腦地對在冬柏店裡工作的香美說：「妳再調皮，小心沒命。」聽到貞淑的這些台詞，觀眾會認為這可能就是伏筆，因為導演故意強調了貞淑這種沒來由的台詞。也就是說，導演的目的是造成觀眾不安，感覺好像有什麼事即將發生一樣。

由於貞淑的台詞造成了不穩定性，因此就連貞淑和香美面臨的小事，在觀眾看來都會覺得很大。在那種不穩定性中，當產生特異、轉意、激變，而不只是一個小變化時，當然那個特異、轉意、激變對觀眾造成的震撼就會更大。用比喻來說，就像在鬼屋裡看到鬼的面具，和在鬼屋外看到的衝擊會不同，因為鬼屋從入口開始就會製造不穩定性，因此會增強鬼面具帶來的不知所措感。

也有人認為，在第一次看到伏筆時，並不會知道那就是伏筆。當然也有些伏筆是要在出現轉折之後才能會過意來，但由於大多數影片都會刻意強調伏筆，所以通常很容易就能夠知道。導演或創作者在安排伏筆時，會讓人物說些前後脈絡多少有點不一致的台詞，或穿插有些脫離劇情走向的場景，因為他們知道這樣就能形成不穩定性。

也有一些影片，將某些場面處理得像伏筆一樣，卻又不將其作為伏筆使用，這稱為「麥高芬」。電影《哭聲》就很巧妙地運用了麥高芬。在該片中，把到最後都沒有發揮任何作用的物品拍得很長，還出現不符合脈絡、毫無意義的行動和言語。希望你可以用心去感受、看看它們引出了何種情緒。雖然麥高芬不是伏筆，但它就和伏筆一樣，是個營造不穩定性的工具。

「正牌」太空打造出的不穩定性

《地心引力》上映的二〇一三年被稱為「A.D. ASTRA」（到達星際）。以太空為背景的電影可以分為「A.D. ASTRA 前」和「A.D. ASTRA 後」，可見這類電影有了很大的變化。

由於過去人類並不了解外太空，以往類似《星際大戰》或《星際爭霸戰》的太空電影，都將外太空描寫成奇幻的空間。但如今，太空電影正帶給觀眾間接感受「真實」外太空的體驗。

二〇一三年《地心引力》上映時，觀眾無不驚豔於電影中實際的外太空本身，但現在寫實的太空空間已經不足為奇，太空淪落為只是營造不穩定性的空間。

「在太空，沒有事情會聽你的，總有一天，一切事情都會失去控制，會有那麼一刻你只能說『時候到了』、『我的死期到了』。你可以坐以待斃，或是努力求生，就這麼回事，動手做就對了。想辦法，解決問題，接著解決下一個，繼續下去，問題解決完，就能回家了。」──電影《絕地救援》中，馬克．瓦特尼的台詞。

瓦特尼的話語可以一窺眾多 A.D. ASTRA 之後製作的太空電影。「真正的」太空是個不穩定的空間，你不知道何時會在哪裡發生什麼事情。比方說「星際大戰」系列中的角色不管是在宇宙的哪個星球，都能在沒有穿太空衣的狀態下自由地戰鬥；在這部電影中，太空反倒是個更無拘無束的空間。但在《星際效應》、《地心引力》和《星際救援》中，要是人物不穿太空衣，他們面對的就只有突如其來的死亡。

如今，外太空並不是展開華麗戰役的戰場，而是必須存活下來的雷區。不小心在太空衣上弄破了個小洞，突然撞到不知從哪飛來的碎片，或是被忽然產生的太空颶風捲走，不小心按錯複雜又敏感的太空船，都會讓人物在瞬間死亡。劇中人物被地球上想像不到的事情襲擊，但觀眾無法預測這些事情會在何時何地發生，也就是說，不穩定性是由空間本身形成的。

如同史蒂芬·金會讓其小說中的主角不斷陷入困境，太空也會不斷丟出問題。像瓦特尼所說，解決一個問題後又會出現另一個，除非觀眾對於實際在太空中可能出現的問題很熟悉，不然那些問題會不斷使觀眾感到不知所措，並專注在上面。

《寄生上流》為何能席捲坎城與奧斯卡？

《寄生上流》最令人驚訝的一點，便是該片是六十四年來第一次同時獲得坎城金棕櫚獎和奧斯卡最佳影片獎的電影。《寄生上流》同時獲得較重視藝術性的金棕櫚獎，和相對較看重大眾性的奧斯卡獎，代表該片兼具了藝術性和趣味。

奉俊昊導演電影的藝術性，大多在於他利用象徵來諷刺社會。比方說他在《殺人的回憶》中批判了罔顧市民安危的無能社會體制，在《駭人怪物》裡則批評了美國，《末日列車》更是諷刺了階級問題。

《寄生上流》透過一個全新的視角，呈現其他相同主題電影中看不到的階級問題。不同於其他電影把富人和窮人劃分為惡和善，描寫富人與窮人之間的衝突，該片的富人和窮人既不善也不惡，而且彼此也沒有衝突。不過，電影確實刻劃了窮人和窮人之間的爭鬥。在片中，窮人為了多得到一點從富人身上掉下來的豆粉，彼此之間展開了激烈的鬥爭。

但奉導演在《寄生上流》媒體試映會上表示：「這次作品反而盡力去避開象徵」、「我沒有計畫要將象徵的記號藏得很緊。」

如同導演所說，《寄生上流》的優點不在於象徵，而在其他地方。

《寄生上流》讓大部分觀眾坐在椅子上直到片尾字幕跑完，其趣味就是來自不穩定性。希望各位想一下，電影是從什麼時候開始聚集觀眾的注意力和不知所措感的？這部電影的不穩定性被點燃的時刻，正是從李善均一家人（以下簡稱富人一家）外出露營開始。從這時開始下起傾盆大雨，宋康昊一家（貧窮一家）偷偷潛進富人家的豪宅，開心地喝酒作樂。接著鏡頭拍攝富人一家擔憂的表情，讓觀眾感到不安，認為富人一家隨時都有可能轉動方向盤回家。

雨下得更大，宋康昊一家喝得酩酊大醉，他們開了更多酒，使不穩定性更加高漲。就在這個富人一家隨時都可能進門的不穩定高潮下——

「叮咚」

門鈴響起，出現了一次激變。這聲門鈴打破宋康昊一家歡樂的酒局，使觀眾毛骨悚然。這場激變帶著電影來到現在形成的不穩定性，將情況提升到另一個層次。

但不知是萬幸還是不幸，第一聲「叮咚」並不是富人一家歸來，按門鈴進來的不速之客和主角一家開始打了起來，家裡更是亂成一團。而在這期間，雨勢更大了。這時觀眾越來越不安，不穩定性也越來越大，接著——

「叮鈴鈴鈴鈴」

電話鈴響了。

富人一家打來說將在八分鐘內到家。因導演此前營造的不穩定性、這場激變將情況拉到更高層次，令觀眾感到極度驚慌。

電影之後也持續營造類似的不穩定性。比如在富人一家熟睡之際，宋康昊一家偷偷從家裡溜出來的片段，就像不知何時會沸騰的水一樣非常不穩定。特別是地下室。地下室可說是《寄生上流》不穩定性的核心，在這個富人一家不知道，但宋康昊一家卻知道的地下室，還住著可能向富人一家揭發宋康昊家族祕密的人。

像這樣因為不穩定性而被放到最大的激變，造成觀眾巨大的不知所措感及高度的專注，而且那個專注就像慣性一樣接續下去，使觀眾呆愣在影廳裡，直到片尾字幕幾乎都快結束為止。

同時，我認為這部電影的象徵，在於「不穩定性」本身。我想，富人家自始至終舒適從容的面貌，與宋康昊一家和住在地下室一家人不安的表情，應該就是這個貧富差距社會的自畫像吧。

值得讚賞的劇透

「只要卡爾麗絲特看起來很憔悴、臉色蒼白或眼神空洞，歐朗特就會馬上老實說出來，不說就會受不了。他的那種直率，事實上並不太禮貌。最終，歐朗特因他的直率而付出沉重的代價，那就是他會在心愛的人（卡爾莉絲特）的手中死去。」

上文是十七世紀法國最著名的批評家夏爾・佩羅的成人童話《成為鏡子的男人》（*Le Miroir ou la Métamorphose d'Orante*）中出現的「死亡預告」。夏爾・佩羅同時也是《睡美人》、《仙履奇緣》、《穿長靴的貓》的原作者。這個天才型故事家在童話故事說到三分之二的時候，像這樣預先說出了結局。讀者自然會被這突如其來的內容嚇到，想著：「究竟是為什麼？」因為在此之前，佩羅將卡爾麗絲特和歐朗特之間的愛情描寫得非常完美。

這種非劇透的劇透本身，在引發不知所措感的同時，也成為製造不穩定性的手法，使讀者擔心之後有一天，不管因為什麼原因，歐朗特或卡爾莉絲特的人身安全說不定會發生巨變，從而感到焦慮不安，繼而對之後出現的所有場景都感到不知所措並專注。就如同坐在雲霄飛車上的人，在上升時會對微弱的晃動感到格外慌張和專注一樣。

另一方面，在二〇一六年播出後就大受歡迎的韓國電視劇《又是吳海英》，和佩羅的死亡預告方式相同，是透過營造不穩定性來取得成功最好的例子。該劇編劇讓主角朴道京（文晸赫飾）時不時會看到令人震驚的未來，比方說朴道京會在完全意想不到的瞬間看見自己死亡的模樣，或是預先目擊分手的一幕。這和佩羅的死亡預告一樣，預知的未來在令人震驚的同時，也形成了觀眾的不穩定性。

因為不知道朴道京所處的環境會在何時何地發生驟變，觀眾看得憂心忡忡，並注意接下來的劇情，也對劇情感到不知所措。直到最後一集，朴道京預知未來的能力持續營造出不穩定性，使觀眾陷入不知所措和專注。

不穩定性帶來的饗宴——《絕地求生》

在遊戲業也有善用不穩定性而大賣的事例，二〇一七年上市的《絕地求生》就是最具代表性的例子，該遊戲曾一度創下同時在線人數三百萬人的紀錄。

《絕地求生》是一款戰鬥遊戲。每局開始時，一百名只穿著內衣的玩家會降落在孤島，玩家必須蒐集戰鬥中所需的裝備，直到剩下最後一名玩家為止。隨著時間的推移，人物周圍的安全區域會越來越小，迫使人物必須聚集到某一個地方，因此玩家可以活動的範圍越來越窄。

在這個求生存的遊戲中，最重要的便是「運氣」。因為敵人實在太多，就算實力再好，還是無法預知敵人會在何時從哪裡突然跳出來；即使蒐集到很好的裝備，只要手持一把槍的參加者在背後瞄準你，那就只有死路一條。玩家也可能因為炸彈突然在附近爆炸而出局。

要在這款遊戲中成為第一名很難，就連實力派玩家也不容易。事實上我們也很少看到電玩實況主在《絕地求生》中成為最後的生存者。相反，即便玩家實力很差，只要在遊戲時藏得好，也有可能成為最後的生存者，因此還出現名為「絕地求生撐到底」的影片內容，這類影片讓觀眾看到沒有任何武器的玩家，純粹用躲藏方式撐到最後登上前幾名。實力和名次不成正比，就是《絕地求生》和其他遊戲的差別。

如果各位想親自體驗這款遊戲高度不穩定性的氛圍，最好直接玩一次看看。遊戲一開始，玩家的注意力就會高度集中，因為必須在不知道其他玩家位置的狀態下，冒著被盯上的風險拿到武器。在高度的不穩定中，玩家就連開個門看到人體模特兒倒下來都會受到驚嚇。我們不妨想像一下，自己和九十九個人一起掉在一座四周環海的孤島上，而那九十九個人的目標都是成為最後一位生存者……要是看過《飢餓遊戲》這部小說（或者電影），將這個遊戲想作類似《飢餓遊戲》就很好理解了。

雖然有人分析，該遊戲成功的原因在於「因為必須在幾分鐘之內蒐集裝備，可以享受成長的樂趣」，但我認為這個說法並不準確。當然，可能也有人是像玩 RPG 遊戲一樣，希望享受蒐集到厲害的武器並成長的過程，但在《絕地求生》中那樣的成長並無太大意義。就算持有再厲害的裝備，要是比其他玩家慢一步出手，就什麼用都沒有。這款遊戲的成功因素，是它有著迄今其他遊戲中都沒有的高度不穩定性。

另一方面，第九十二屆奧斯卡金像獎頒獎典禮中，《寄生上流》的競爭對手——山姆·曼德斯導演的《一九一七》，和《絕地求生》有著非常類似的不穩定性。該片透過攝影和剪輯，使整個電影看起來像一顆長鏡頭。電影持續讓觀眾看到兩名士兵小心翼翼地朝敵對陣營爬過去，就好像《絕地求生》的遊戲畫面一樣，自始至終都在製造不穩定性。

電影的第一次激變，發生在詭雷於敵軍挖掘的地道中爆炸，在強烈不穩定性形成的狀態之下，這次爆炸著實嚇了觀眾一大跳。

•增強劑4：匱乏

挑動歧視本能的衝擊內容

腦科學家稱，人類的大腦會專注在缺少的某個部分。好比肚子餓的時候，大腦會先聽到跟食物有關的單詞、想起想吃的食物一樣。所以，當某個影片內容挑動到人們缺乏的那一塊，觀眾就自然會集中注意力在影片發生的變化上。

我曾經比較並分析過在同一時段播映的電視節目當中，收視率較高的節目。在分析了大量節目之後，我發現了一個共同點，那就是收視率高的節目全都在挑動相對來說更大的匱乏感。比方說KBS的綜藝節目《大國民脫口秀—你好》挑動的匱乏感就是「歧視做出妨礙共同體利益行為的人，並矯正他們的行為之欲求」。

在《大國民脫口秀—你好》推出之前，沒有節目會公然批判妨礙共同體利益行為的人。硬要說的話，綜藝節目《火星人病毒》或《自由宣言—哭泣的拳頭》[55]醜化了那一些人，從

55 譯註：《火星人病毒》請來各種奇葩人物講述自己的特異行為；《自由宣言—哭泣的拳頭》讓彼此有心結的高中生上節目對峙，互相講出想講的話。

這點來看算比較類似的。但是《大國民脫口秀—你好》是第一個節目讓無數民眾彷彿北韓的公審般圍繞著一個人，並公開批判那個人做錯的事情，使其感到丟臉。

雖然聽起來不太舒服，不過我們人類一出生就具有歧視的本能。日本的腦科學家中野信子在其著作《人類無法停止霸凌》（ヒトは『いじめ』をやめられない）一書中表示，當某人做出妨礙共同體利益，或使共同體受到威脅的行為，人類身上潛藏的孤立本能就會進化，因為這種歧視是過去人類為了生存的必要行為。

不論有意或無意，人類經常會啟動自身的感應器，尋找下一個歧視對象。對人類來說，歧視就是匱乏。《大國民脫口秀—你好》將可以盡情歧視的對象擺在眾人面前，來挑動人類ＤＮＡ裡潛藏的這種匱乏。節目安排的主持人都屬於就算歧視他人，也不會惹人討厭的類型，例如申東燁、李英子、Cultwo，就是為了讓這樣的歧視看起來很有教養。

我身為人類，也同樣有著歧視本能，偶爾看《大國民脫口秀—你好》會覺得很痛快，但從某個時間點開始，我發現節目只是在消費問題人物，用來解決觀眾單方面的「歧視匱乏」。感覺製作團隊只是為了提高收視率，而只凸顯有問題的行為，鮮少看到有人提出專業或根本性的解決方案。主持人也只是偏袒其中一方，突出問題所在，對問題表示同感而已。

更糟的是，製作團隊還對問題行為進行投票，讓觀眾評分哪種行為的問題更嚴重，獲得最高分的一方在下一集還要出來上節目受辱。節目片段上傳到網路上後，還要再次被數百萬名網友詆毀，這不免讓我想起校園裡許多人圍繞一名學生、霸凌他的場面。

由於人在生活中必然會與他人交錯，因此歧視對共同體有害的人也可能屬於生存問題。儘管在當代，歧視與生存問題有關的可能性極低，但即便真的如此，我們還是有必要回頭思考，那種解決匱乏感的方式是不是過於單方面了。

孤獨感是內容趨勢

「每個人都是自己一個人，因此會本能地尋找伴侶、組成家庭，和伴侶一起生活，但也會因為各種原因再次成為一個人。二〇一三年的現在，韓國單人家庭足足有四百五十三萬戶，如今，獨自生活已成為趨勢。」

上面這段話是諧星盧弘喆在《我獨自生活》首播時的開場白，在那之後，單人家庭進一步增加。根據韓國統計廳調查，韓國的單人家庭數在二〇一七年大約為五百六十二萬戶，占整體韓國家庭數的百分之二十七點二，成為韓國最常見的一種家庭組織型態；在二〇二〇年，單人家庭數則超越了六百萬戶，占整體韓國家庭數的百分之三十一點三。

不知是否真的因為獨自生活已成為趨勢，《我獨自生活》的人氣不減反增，在二〇一九年MBC演藝大獎頒獎典禮中連續三年得到年度最佳綜藝節目，而當年主持節目的諧星朴娜勑也得到了大獎。

「獨自生活已成為趨勢」這句話也可以換個說法：「孤獨感已成為趨勢。」因為不管是內向還是外向，人只要是獨自一人就會感到孤單。孤獨感成為多數人的匱乏感，而填滿這個匱乏的節目便是《我獨自生活》。觀眾看著會員一整天獨自做著什麼的模樣，陷入了彷彿和他們在一起的錯覺中。因此有不少人表示自己在家會打開節目放著，因為只要開著節目，就不會感到那麼孤單了。觀眾和明星同病相憐，明星「獨自一人」的模樣，撫慰了電視機外獨自生活者的孤獨感。

不知是否因為人越來越孤獨，像《我獨自生活》這樣展現明星獨自生活的觀察類綜藝不斷被推出。那些綜藝節目都以獨自生活為核心，一點一點加以改變，而這些改變就和前面〈絕不失敗的影片企畫方法：加法〉說明過的方式相同。

雖然有眾多類似《我獨自生活》的綜藝節目出現後消失，但當中改得最優秀的就是SBS最受歡迎的綜藝——《我家的熊孩子》。《我家的熊孩子》讓明星的母親觀看明星獨自生活的模樣，而不是給其他同樣獨自生活的來賓觀賞。母親觀看子女獨自生活時的表情，才真是難得一見的有趣。節目與孤獨這一匱乏感相呼應後放大的樂趣，讓節目一度創下了每集將近百分之三十的收視率。

另一方面，《我獨自生活》的趣味來自於明星灑脫的模樣，這些模樣打破了大多數人的成見。迄今靠《我獨自生活》受到觀眾喜愛的明星都一個個卸下華麗的外表，毫無顧忌地自毀形象。華莎、李施彥和孫淡妃就是很好的代表，他們獨自生活的模樣跟觀眾對藝人的普遍印象截然不同。這種轉意和匱乏相遇，擴大了效果，因而引發觀眾強烈的不知所措感和注意力，從結果來說，相當有趣。

為何「吃播」受歡迎？「我吃，是因為我孤單。」

事實上，「吃」這一行為可以幫助消解孤獨感。食物流到腸胃後會分泌催產素，催產素又稱為「愛的荷爾蒙」。當與心愛的人在一起或擁抱時，也會分泌這一荷爾蒙。據悉，該荷爾蒙能有效增加血流以及緩解失眠和壓力，也就是隨著食物流向腸胃，就會產生如同他人撫摸你肌膚般的效果。各位是不是可以想像在粉碎後變得柔軟、溫度也變得和體溫一樣的食物，像撫摸我們器官般滑進體內的景象呢？

吃播，是將大量食物堆積起來然後吃個精光的影片。有趣的是，雖然吃播在全球都很受歡迎，但跟其他國家相比，吃播在韓國更是受到大眾喜愛，但也許這一事實正反映出韓國人內心的孤獨也不一定。

有人說自己光是看別人吃就能分泌催產素，這也就代表「看著你吃我也高興」這句話並非憑空而來。光是看吃播就能分泌催產素，且觀眾在看吃播的同時又會吃東西，總之，吃播就像在誘導人體分泌愛的荷爾蒙，人類應該是透過吃播，填滿從和他人關係中得不到的催產素。我們或許是藉由吃播，來解決孤獨這個匱乏也不一定。

另一方面，許多趨勢專家認為孤獨將是未來主宰韓國最代表性的匱乏，原因有兩點：第一，單人家庭持續增加；第二，個人節目等內容的發展，使人們就算不直接與他人見面接觸，也能消除最低限度的孤獨。再加上籠罩二〇二〇年的新冠疫情，以及因新冠疫情導致的非接觸技術的發達，也將進一步降低人與人之間的關係，因此孤獨今後也將會是不斷擴大的匱乏。

「人緣好」是種匱乏？人氣王與邊緣人的無限反覆

人氣王、不會讀空氣、情商高，為什麼二〇一九年左右會流行這種單字呢？在十年前，邊緣人還不是罵人的話。雖然不知道為什麼這個單字聽來有著微妙的魅力，但怎麼現在它就成了罵人的單字呢？

《二〇二〇趨勢觀測》（트렌드 모니터 2020）一書的作者尹德煥曾在一場演講上表示，身為十幾、二十幾歲的Z世代（一九九〇年代中期到二〇〇〇年代初期出生的年輕世代），有著想要受歡迎的匱乏感，也就是他們有著想成為主流的欲望。

趨勢專家在分析趨勢時之所以會特別關心Z世代的群體，原因在於這一世代形成社會的主流文化。Z世代群體主要是自由時間相對較多的學生，他們享受文化的時間比其他世代都要多，因此他們受文化影響的時間也是最多的。在Z世代中流行的事物，影響著懷念青春、努力跟上流行的三十幾歲世代群體，以及Z世代的父母，也就是四五十幾歲世代群體。細究起來，要說社會的流行大多是由Z世代創造的也不為過，因此如果受歡迎是Z世代的一種匱乏，那麼作為內容企畫人，當然值得關注。

想成為主流的欲望之所以是Z世代的匱乏，是因為他們的X世代父母（一九六八年前後出生的世代）放任他們不管；而X世代會採取放任態度，是因為X世代在成長過程中，自由受到他們父母一代的壓迫。

X世代的父母一代在韓戰之後、經濟急遽成長時期自由地開拓自己的道路，並希望他們的子女（X世代）能夠走上社會決定好的道路，也就是希望他們能走上受歡迎的道路，因為他們一路走來雖然相當自由，但那條路卻非常不穩定。而在受父母高壓式教育長大的X世代，反而教導他們自己的子女就算成為邊緣人（非主流）也無妨，因為他們不希望將自己在成長過程中，從父母親那裡承受到的壓力傳給子女。在自由奔放的環境下成長的Z世代，則相反地產生了希望成為主流的匱乏感。這就像當走上其中一條叉路後，我們會對另一條沒走過的道路念念不忘一樣。

換句話說，受父母高壓式教育長大的世代，會給予他們的子女自由；而在自由的父母教育下長大的世代則會壓制他們的子女。未來的創作者應該參考這種反覆循環的現象。在十年、二十年後，當Z世代成為下一個十幾、二十幾歲世代的父母，「邊緣人」將會再次成為社會的匱乏感，屆時獨自坐在遠處凝視窗外的角色，會比被許多人圍繞的人氣王角色還要受歡迎也不一定。

通識節目在韓國留存的「悲傷」理由

蔡社長（채사장）的書《知性對話所需的廣博淺顯知識》（지적 대화를 위한 넓고 얕은 지식）銷售量超過一百萬本。對此，我的老師、EBS製作人吳正浩（오정호）曾解釋，該書會成功是因為「韓國人特別有強烈的通識匱乏感」。節目《挑戰金鐘》、《韓文大作戰》（우리말 겨루기）、《懂也沒用的神秘雜學詞典》或書籍《一輩子一定要上一堂拉丁語課》這類通識內容受歡迎的原因，以及多少可能有些無趣的紀錄片會賣座，就是因為韓國人特有的通識匱乏感。

韓國人有強烈的通識匱乏感，可能是因為大環境讓人在高中畢業後難以學習。韓國國高中生的學業成就處於世界頂尖，但高中生時達到頂點的學業成就，在滿二十歲之後就開始慢慢下跌；到三十五歲之後，水準降至經濟合作暨發展組織（OECD）平均以下；而五十五歲之後的水準則相當於OECD最後一名。對此，進行這項調查的研究人員表示，韓國大學教育品質低落，以及能夠在職場上累積經驗的體制不夠完善，是韓國人學業成就下跌的原因。

不論是否出於自願，韓國大學生的學習量確實低於他們的國高中生時期，而且在職場中也很難累積其他能力。儘管韓國已宣布實施每週五十二小時工作制，但大部分上班族下班回家後都太累了，什麼都做不了。回顧平日的我，雖然每天的睡眠時間總是不超過六小時，但一天裡可以完全用在我自己身上的時間，只有一小時三十分鐘。

持續到高中的巨大學習熱情，雖然在成年後也會像慣性一樣維持下去，但馬上就會因為各種因素而難以持續。保守的人大腦會越來越不安，並執著於那個慣性。如同睡眠被妨礙的話就會更想睡，不給吃的話就會肚子餓一樣，當感受學習受阻的瞬間，學習就會成為匱乏，因此連在利用一小時三十分鐘左右的休息時間看電視，也會選擇能夠充實自己的通識節目。

我想到我的母親。她在很年輕時就結了婚，為了養活家人不斷地工作。身為職業婦女，她當時忙到比現在的我還要沒有時間，而她擠出時間看的電視，總是播放著有人在演講的節目。

成功的電視劇會挑動「多數的匱乏」

跟其他內容相比，電視劇應該更忠實面對多數人的匱乏，因為電視劇必須將一個故事不斷發展下去，跟每集故事各異的綜藝不同。要比喻的話，這就像既然只能撒一次網，那麼一開始就必須撒出大網是一樣的道理。從過去到現在，所有成功的電視劇，都是因為在播映當時，挑動了大多數人所具備的「多數的匱乏」而成功。

如果你現在正在看電視劇，建議你比較一下電視劇和綜藝節目，或和其他內容之間匱乏的大小差異。受歡迎的電視劇就如同展示多數匱乏的展場，對我們來說，也是非常優秀的學習場所。從韓國人有著什麼樣的匱乏，到解決那種匱乏的陳腔濫調，都可以在那裡學習到。我們可以接受匱乏，但要注意匱乏帶出的老套戲路；只要打破那個戲路，就能誕生出獨創的內容。

我們可以看到，幾乎所有韓劇的故事線都是以「愛情」為中心所構成（或情節是『未竟之愛』），這就意味著韓國人對愛情匱乏。這或許是受儒家思想的影響，因為愛情雖然是很自然的東西，但儒家卻將愛情視為不太端莊的一種感情。

這麼一看，受儒家思想影響較大的國家對於愛情的匱乏，似乎大於不受影響的國家。比方說，美國人或許會對《來自星星的你》多少有些反感也不一定，因為外星人可以用超能力做很多事情，但在整整二十一集當中，他卻只將超能力用在愛情上。不過渴望愛情的韓國、中國及日本的觀眾，卻對外星人實現高貴、純潔又完美的愛情故事非常瘋狂。

偶像引起的匱乏感

即使沒有人指使，對自己心儀的偶像什麼時候、在哪部影片出現也能瞭若指掌；想再三觀看偶像出現的影片，以及儘管已經反覆觀看，卻總覺得不夠。這些心情就是匱乏感。匱乏感就像無底洞一樣，即使不斷注水進去也填不滿。

只要看那些喜愛偶像的人，就能知道匱乏感是多麼有效的特異、轉意、激變增強劑。對粉絲來說，偶像就如同半個神一樣，就算不點出偶像的意思本身就是指「崇拜的對象」，他們也很清楚。

這種匱乏感也可稱之為單戀，它可以強化偶像製造特異、轉意、激變的效果，讓粉絲對於偶像做出的小變化感到好奇並專注。粉絲不僅會再三反覆觀看偶像上的節目，還會對他們的小動作和他們所說的話感到不知所措和專注，甚至就連看到偶像的細微表情變化也會很驚訝。在那種情況下，偶像只要做出特異、轉意、激變，粉絲就會「啊！」地尖叫，不知所措感越來越大，對偶像的注意力也越來越集中。

「我在演唱會上第一次感覺到，原來他們和我們一起活著、一起呼吸。」

要是匱乏感夠大，那麼因為那個匱乏感，就連小小的呼吸聲或胸部的上下起伏，都能引發不知所措與專注，就如同過去我們視單戀對象的每一句話和行動都無比重要一樣。

打動狗狗與人類的人——訓狗師

之前有網友詢問飼養小狗「超可愛糯米糕」的糯米姐姐：「如果糯米糕只能夠講一句話，妳想聽到牠說什麼？」

糯米姐姐回答：「我想聽到牠說：『我不舒服。』」

這個回答獲得許多人共鳴。

我們為什麼會被訓狗師姜亨旭[56]吸引呢？不可能單純因為他長得像小狗一樣可愛。從結論來說，是因為他彌補了許多人的匱乏感。

雖說人們對於家中飼養的狗，觀念已從「寵物」（放在身邊疼愛或玩賞）轉變為「伴侶動物」（成伴的朋友），但人類聽不懂狗說的話，而那種心情就成了匱乏感。

---

56 譯註：韓國知名訓狗師，節目《世界上沒有壞狗狗》的核心人物，經常在節目上教導民眾如何教育狗狗以及培養飼主和狗狗之間的默契。

《世界上沒有壞狗狗》這類節目，便是在挑動那種匱乏，而姜亨旭則彌補了這種心理。姜亨旭的「翻譯」是與這個匱乏感相連的轉意，由於太特殊，引起人們的不知所措和注意，因為在姜亨旭出現之前，沒有人可以像他一樣明確地解讀狗狗的語言。

「意義」為內容注入趣味

漫威系列中，我個人覺得最有趣的電影是《驚奇隊長》，因為比起其他《復仇者聯盟》這類大片，這部電影對我來說更有「意義」。

所謂某個事物對誰有意義，意味著那個事物觸及到了那個人追求的價值，而且從「價值是不停追求的對象」這點來看，它就和匱乏感類似。

在《驚奇隊長》一片中，有許多象徵種族歧視的手法。事實上，電影最初的企畫目的也是如此，飾演主角卡蘿・丹佛斯的布麗・拉森在公開選角後的訪問中表示：「因為據說這是一部講述偉大的女性主義者的電影，所以我就同意演出了。」而飾演配角的山繆・傑克森也在公開選角之後不久，將自己穿著印有反對種族歧視字樣的T恤照片，上傳到自己的社群網站上。

電影的主角是一個成為首位女性飛行員的傳奇性人物。主角走在一條只有男性的路上，與男性正面競爭，就算受到眾人排擠也不感到沮喪挫折，一次又一次地重新站起來。對於那些灌輸自己虛假世界觀、有意貶低自己的人，她說道：「我沒有理由必須向你證明。」

打破壓制她的裝置，往天上飛去。

電影裡還出現誤以為自己是正義英雄的克里人這一種族。他們象徵的是玻璃天花板、大男人主義等壓制女性的思想，以及用種族歧視、掌控與被掌控的非理性邏輯造成的環境破壞。

因為各種原因，有些人不喜歡《驚奇隊長》，他們表示《驚奇隊長》的娛樂性不及其他漫威電影。說得沒錯，這部片的特異、轉意、激變的確不如「復仇者聯盟」系列。

但有些人卻反覆觀看這部電影，而他們看這部片的理由是「因為很有趣」，那是因為該片觸及到他們追求的價值。也就是說，名為價值的匱乏感放大了趣味，而「有意義」和有趣沒什麼不同，我也是這樣被吸引。驚奇隊長所倡導的價值是我的匱乏，也因此電影的特異、轉意、激變感覺離我更近了。

我們可以看到這種價值在全世界是個大趨勢，其中一個例子便是二〇一九年的奧斯卡金像獎頒獎典禮，該年典禮在所有二十四個獎項當中，將二十個獎項頒給了講述關於歧視少數族群和女性的電影。當年，以黑人為主角所推出的《黑豹》就奪下了三冠王；而在二〇二〇年艾美獎頒獎典禮中，舉發種族歧視的電視劇《守護者》囊括十一項大獎。韓國也同樣如此，比方說收錄在《二〇二〇第十一屆年輕作家獎得獎作品集》（2020 제 11 회 젊은 작가상 수상작품집）的七篇得獎作品，就分別有三篇是探討女性問題，一篇探討殘疾人士

問題，一篇探討性少數族群問題；而二〇一九年到二〇二〇年韓國最受歡迎的小說家，是書寫父權體制的作家姜禾吉以及書寫性少數族群的作家朴相映。

女性和少數族群開始站上文化界的頂端。歷史總是在進步，未來這樣的價值會更受歡迎。再來還有一點，由於內容產業依然以男性為主，女性作為主導角色的內容本身就不「一般」；而在女性追隨男性、依賴男性的設定蔓延的現在，與其相反的內容當然就會成為特異，吸引大眾目光。

比如Netflix電視劇《人性課外課》，就透過女演員朴柱炫所飾演的角色裴葵莉徹底製造出那種「反調」，使影片大獲成功。如果是其他內容，這個角色應該會由男性飾演。不過是將男性的角色交由女性裴葵莉來擔任而已，電視劇就因她不斷形成特異、轉意、激變。在該劇中，如果將裴葵莉想像為男性的話，反而會覺得熟悉。

二〇二〇年下半年人氣電視劇《雖然是精神病但沒關係》也是，金秀賢擔任了「一般」電視劇中的女性角色，而徐睿知則飾演了「一般」電視劇中的男性角色；此外，電視劇《哲仁皇后》雖然曾經有過歷史爭議，但該劇也同樣如此。

任何人都必須理所當然地尊重女性和少數族群，內容製作者更應該如此，那裡是少見的匱乏和特異、轉意、激變並存的地方。

「安慰人心」的內容魅力

過去十年來，主宰韓國最大的匱乏感絕對是「慰藉」。人們想得到安慰，也不斷需要安慰。只要去書店也能知道，在過去十年內的綜合暢銷書排行榜第一名到第十名中，以慰藉為關鍵字的書就有六本（以教保文庫累積銷售量為基準），六本書分別是《停下後才能看到的東西》（멈추면 비로소 보이는 것들）、《解憂雜貨店》、《因為痛，才是青春》（아프니까 청춘이다）、《被討厭的勇氣》、《解語之書：愛不曾消失，只是尚未被解讀》、《我要做自己：挑戰舊思維、不被死腦筋綁架的生活清單》。

此外，在過去十年內狂賣一百萬本以上的百萬暢銷書共有七本，其中有五本（《停下後才能看到的東西》、《解憂雜貨店》、《因為痛，才是青春》、《被討厭的勇氣》、《解語之書》）的關鍵字是慰藉。

二〇一九年上映的迷你連續劇當中，創下收視率第一的電視劇《山茶花開時》帶給觀眾史無前例的慰藉；當極度不幸的主角冬柏從邕山村民那裡得到慰藉時，觀眾也一起得到了安慰。

此外，電視劇結尾的文字，也讓編劇的創作動機浮現出來。

「為度過人生無數個乖舛的關頭，每天寫下『自己的奇蹟』的偉大的你，加油。現在正是你的花開時。」

從「山茶花開時」到「你的花開時」，山茶花轉變成你的花，也就是指需要慰藉；而受到慰藉的「冬柏」便是正在看著電視劇的「你」。

不過這部電視劇觸動的匱乏，不僅僅只有慰藉而已。

「什麼氏族社會？整個社區就像那樣，很奇怪。到了吃飯時間，只要隨便進去一家就行，也不用說什麼話，就會再多放一支湯匙，大家都覺得這很自然，整個社區好像家族一樣，不是那麼親切，但感覺很溫暖。」——《山茶花開時》台詞

極度孤單的冬柏在邕山有了生平第一個後台（勇識的媽媽），遇見了像小狗一樣緊緊跟著她的勇識。邕山這一「氏族社會」站在孤單的冬柏這一邊、接納了冬柏。觀眾把自身的孤獨感當作冬柏的孤獨感，透過電視劇消除了孤獨。

除了這種匱乏之外，該劇還有其他的特異、轉意、激變增強劑。還記得前面在講不穩定性時提到的內容嗎？在這部有二十集的電視劇中，不斷給觀眾看到暗示帶鍺手鍊的某人

將死亡的鏡頭，營造了不穩定性。

由於《山茶花開時》確實融入了各式特異、轉意、激變增的強劑，該劇得以成為最熱門的電視劇。

後記 《哲仁皇后》與《驅魔麵館》

在本書出版之前出現了兩部有趣的電視劇，分別是 tvN 的《哲仁皇后》和 OCN 的《驅魔麵館》。這兩部電視劇的收視率都超越了同時期播出的無線電視台電視劇，創下了驚人的收視率紀錄。SBS 的《Penthouse 上流戰爭》雖然也相當成功，但因為我看這部電視劇後做了幾次惡夢，因此並不建議。

《哲仁皇后》和《驅魔麵館》之所以能夠成功，果然也是基於放大特異、轉意、激變和趣味的要素。與其由我來解釋這些要素，我把它留給各位當作作業，讓各位分析這兩部電視劇有趣的原因。至於要如何評分？有趣的是，我出的這個問題，答案已經在許多影評人的文章裡，所以如果想知道答案，只要在網路上搜尋這兩部電視劇的評論即可。不管是有意識或是無意識，影評人在分析影片內容時，都以書中解釋的趣味要素為標準，因為他們也看過了無數的影片，可以敏感察覺到影片是在哪個部分讓自己感到不知所措和專注。我經常在一位我尊敬的後輩記者以影評人身分寫的文章中，讀到特異、轉意、激變和其增強劑，換句話說，以本書提到的趣味要素製作的內容，甚至可以迷惑挑剔的影評人。

現在是內容時代，製作內容的企業股價急遽上漲，各大OTT平台也成為跨國企業，積極展開競爭。而被稱為創作者的一群人出現在YouTube、艾菲卡TV等各式各樣的網路直播平台，他們讓觀眾感到不知所措和專注，並藉此賺進可觀的收入。相較以往，「趣味」正在成為強大的競爭力。換句話說，製造特異、轉意、激變和增強劑的力量，比任何時候都還要有價值。

為了培養製造趣味的能力，最重要的是必須變得敏感。當某個內容讓你和周圍的人感到驚豔，就要找到感覺，馬上在那個令你感到驚豔的地方套上趣味公式。這就好比我們在學騎腳踏車，必須經歷無數次嘗試和失敗才能學會一樣。雖然使用這些公式一開始很難抓到感覺，可一旦領悟到那種感覺，之後就不會忘記，並運用自如。只要隨時記得「趣味的根源」，那麼未來不管是在分析或製作內容，能力都會得到提升。

現在我要放開抓著腳踏車的手，感謝各位讀完這麼長的文章。只要自己腳踩著踏板一步步前進，就算我把手放開，想必各位也能騎得穩穩地。

我想將第一本書獻給唯一的神，天父上帝。

我愛的人，我的奶奶（손재례）、爺爺（김재일）、外婆（김효원）、外公（이복만）、

母親（이정신）、父親（김성천）、弟弟（김승준），我每天為你們禱告，希望你們永遠健康、幸福。對於你們的恩情，我無以回報，謝謝你們，我愛你們。

我還要感謝長久以來陪在我身邊，給我許多靈感的電影影評人宋錫主以及記者趙星恩（조성은），我愛你們。Seoul Media Group 的房在洪（방재홍）會長和房斗哲（방두철）代表是我的貴人，他們讓我以記者的身分活躍。還要向欣然同意為我寫推薦文的韓國廣告學會會長金昞希（김병희），以及慶熙大學媒體學系何敬浩（허경호）教授致謝。

最後，我要感謝 Happypress Publishing 的代表崔大錫（최대석）和總編輯崔然（최연），他們為了好書盡心盡力。如果沒有總編輯崔然，就不會有這本書。多虧有他們，讓更多讀者得以產生共鳴。另外，我要向製作人吳正浩致以羞澀的問候，他在二〇一七年初夏的某一天，給了我這本書的種子，而那顆種子就這樣長大了。

這一切都歸功於上帝，願祢重生。

二〇二一年春天

金昇一

國家圖書館出版品預行編目資料

內容時代必學！解密爆款影片：從K-POP到好萊塢,深度挖掘讓人移不開眼的「趣味公式」／金昇一著；林倫伃譯. -- 初版. -- 臺北市：春光出版, 城邦文化事業股份有限公司出版：英屬蓋曼群島商家庭傳媒股份有限公司城邦分公司發行, 2023.10
面； 公分. --
譯自：The secret of the most-viewed videos
譯自：재미의 발견：뜨는 콘텐츠에는 공식이 있다
ISBN 978-626-7282-38-0（平裝）
1.CST: 數位媒體 2.CST: 媒體企劃 3.CST: 電影製作
541.83 112015200

內容時代必學！解密爆款影片：

從K-POP到好萊塢，深度挖掘讓人移不開眼的「趣味公式」

原著書名／The Secret of the Most-Viewed Videos（재미의 발견）
作　　者／金昇一
企畫選書人／何寧
責任編輯／何寧

版權行政暨數位業務專員／陳玉鈴
資深版權專員／許儀盈
行銷企劃主任／陳姿億
業務協理／范光杰
總　編　輯／王雪莉
發　行　人／何飛鵬
法律顧問／元禾法律事務所　王子文律師
出　　版／春光出版
臺北市 104 中山區民生東路二段 141 號 8 樓
電話：（02）2500-7008　傳真：（02）2502-7676
部落格：http://stareast.pixnet.net/blog E-mail：stareast_service@cite.com.tw
發　　行／英屬蓋曼群島商家庭傳媒股份有限公司城邦分公司
臺北市中山區民生東路二段 141 號11 樓
書虫客服服務專線：（02）2500-7718 /（02）2500-7719
24小時傳真服務：（02）2500-1990 /（02）2500-1991
服務時間：週一至週五上午9:30～12:00，下午13:30～17:00
郵撥帳號：19863813　戶名：書虫股份有限公司
讀者服務信箱E-mail: service@readingclub.com.tw
歡迎光臨城邦讀書花園 網址：www.cite.com.tw
香港發行所／城邦（香港）出版集團有限公司
香港灣仔駱克道 193 號東超商業中心 1 樓
電話：（852）2508-6231　傳真：（852）2578-9337
E-mail : hkcite@biznetvigator.com
馬新發行所／城邦（馬新）出版集團【Cite (M) Sdn Bhd】
41, Jalan Radin Anum, Bandar Baru Sri Petaling,
57000 Kuala Lumpur, Malaysia.
Tel:（603）90563833 Fax:（603）90576622 E-mail:cite@cite.com.my

封面設計／朱陳毅
內頁排版／芯澤有限公司
印　　刷／高典印刷有限公司

■ 2023 年 10 月 5 日初版一刷
Printed in Taiwan

售價／399元

城邦讀書花園
www.cite.com.tw

ISBN 978-626-7282-38-0

廣 告 回 函
北區郵政管理登記證
臺北廣字第000791號
郵資已付，免貼郵票

104 臺北市民生東路二段 141 號 11 樓

英屬蓋曼群島商家庭傳媒股份有限公司
城邦分公司

請沿虛線對折，謝謝！

愛情 · 生活 · 心靈
閱讀春光，生命從此神采飛揚

春光出版

書號：OS2028	書名：內容時代必學！解密爆款影片

請於此處用膠水黏貼

讀者回函卡

謝謝您購買我們出版的書籍！請費心填寫此回函卡，我們將不定期寄上城邦集團最新的出版訊息。亦可掃描QR CODE，填寫電子版回函卡

姓名：______________________

性別：☐男 ☐女

生日：西元__________年__________月__________日

地址：______________________

聯絡電話：__________ 傳真：__________

E-mail：______________________

職業：☐1.學生 ☐2.軍公教 ☐3.服務 ☐4.金融 ☐5.製造 ☐6.資訊

☐7.傳播 ☐8.自由業 ☐9.農漁牧 ☐10.家管 ☐11.退休

☐12.其他 ______________________

您從何種方式得知本書消息？

☐1.書店 ☐2.網路 ☐3.報紙 ☐4.雜誌 ☐5.廣播 ☐6.電視

☐7.親友推薦 ☐8.其他 ______________________

您通常以何種方式購書？

☐1.書店 ☐2.網路 ☐3.傳真訂購 ☐4.郵局劃撥 ☐5.其他 __________

您喜歡閱讀哪些類別的書籍？

☐1.財經商業 ☐2.自然科學 ☐3.歷史 ☐4.法律 ☐5.文學

☐6.休閒旅遊 ☐7.小說 ☐8.人物傳記 ☐9.生活、勵志

☐10.其他 ______________________

請於此處用膠水黏貼